W0340000

Mosaik bei
GOLDMANN

Buch

Was verbindet einen Menschen mit einem Baum? Vieles – so sagt das Horoskop der Kelten. Bäume sind ebenso wie Menschen sensible Lebewesen, die nach den Beobachtungen der keltischen Druiden sehr ähnlich auf die Einflüsse ihrer Umwelt reagieren. Das keltische Baumhoroskop sieht den Menschen als Teil eines übergeordneten Ganzen, als Mitglied der menschlichen Gemeinschaft und als Lebewesen, das sich gemäß seiner natürlichen Anlagen und den jeweiligen Umweltbedingungen entwickelt.

Dieses Buch bietet eine leicht verständliche Einführung in die Welt der keltischen Mythologie und das magische Wissen der Druiden. Es verrät, welche Charakterzüge uns mit »unserem« Baum verbinden und wie jeder das Wissen des Baumhoroskops nutzen kann, um seine Schwächen in Stärken zu verwandeln und seine Potenziale besser auszuschöpfen.

Autorin

Carla Ludwig ist erfolgreiche Astrologin und Autorin. Seit vielen Jahren setzt sie sich intensiv mit der Kultur der Kelten auseinander.

Von Carla Ludwig außerdem bei Mosaik bei Goldmann:

Das kleine Kelten-Horoskop (17106)

Carla Ludwig

Das Horoskop der Kelten

Was Bäume über uns verraten

Mosaik bei
GOLDMANN

Alle Ratschläge und Hinweise in diesem Buch wurden von der Autorin und vom Verlag sorgfältig erwogen und geprüft. Eine Garantie kann dennoch nicht übernommen werden. Eine Haftung der Autorin beziehungsweise des Verlags für Personen-, Sach- und Vermögensschäden ist daher ausgeschlossen.

FSC
Mix
Produktgruppe aus vorbildlich bewirtschafteten Wäldern und anderen kontrollierten Herkünften

Zert.-Nr. SGS-COC-1940
www.fsc.org
© 1996 Forest Stewardship Council

Verlagsgruppe Random House FSC-DEU-0100
Das für dieses Buch verwendete FSC-zertifizierte Papier *Munken Print* liefert Arctic Paper Munkedals AB, Schweden.

2. Auflage
Vollständige Taschenbuchausgabe Juni 2007
Wilhelm Goldmann Verlag, München,
in der Verlagsgruppe Random House GmbH

Dieses Buch erschien unter der Titelnummer 60663
im Falken Verlag.
Umschlaggestaltung: Design Team München
Umschlagfoto: Getty Images/Michael Orton
Illustrationen: Ruth Bleakley-Thießen
Satz: Uhl+Massopust, Aalen
Druck und Bindung: GGP Media GmbH, Pößneck
WR · Herstellung: Han
Printed in Germany
ISBN 978-3-442-16911-5

www.mosaik-goldmann.de

Inhalt

Von Menschen und Bäumen

Das keltische Baumhoroskop ist eine Mischung aus Naturhoroskop und praktischer Psychologie. Es sieht den Menschen als Teil eines übergeordneten Ganzen, als Mitglied der menschlichen Gemeinschaft und als ein Lebewesen, das sich gemäß seiner natürlichen Anlagen sowie der jeweiligen Umweltbedingungen entwickelt. Auf Beobachtung und jahrhundertelanger Erfahrung basierend, ordnet es Menschen, die in bestimmten Zeiten und Verhältnissen geboren wurden, jeweils spezifische Grundcharakterzüge zu. Dabei spielt die Jahreszeit und sogar die Dauer der Sonneneinstrahlung an den einzelnen Tagen eine wesentliche Rolle, denn das Licht (die Mutter allen Lebens) übt ja einen ganz entscheidenden Einfluss auf uns aus. Und als Letztes ist natürlich der Zeitpunkt unserer Geburt von Bedeutung.

Es ist für jeden nachvollziehbar, dass es einen Unterschied macht, ob ein Mensch im Sommer oder im Winter, in den Bergen oder am Meer, in einer Großstadt oder auf dem Land zur Welt kommt und aufwächst. Die ersten Erfahrungen sind gänzlich andere und infolgedessen prägen sich auch unsere Verhaltensgrundmuster in verschiedener Weise aus.

Eine wesentliche psychologische Prägung geschieht aber auch durch die aktuelle Zeit, in die man hineingeboren wird. Es hört sich selbstverständlich an und ist auch ein sozialwissenschaftlicher Grundkonsens: Der Mensch ist neben seinen individuell einzigartigen genetischen Anlagen auch in gewissem Maße Produkt seiner Umwelt. Das wiederum klingt sehr modern – und doch sind diese beiden Erkenntnisse bereits die wesentliche Grundlage des keltischen Baumhoroskops.

Der Baum ist einzigartig – ein Unikat wie auch jeder Mensch – und entwickelt sich ebenso wie dieser gemäß den oben beschriebenen Bedingungen anders, je nach den gegebenen Lebensvoraussetzungen. Und er ist, wie der Mensch, extrem licht- und sonnenabhängig. Es klingt ungewohnt, ist aber keinesfalls abwegig: Wird ein Baum zur selben Zeit am selben Ort gepflanzt wie ein Mensch geboren, dann lassen sich in deren Lebensverlauf durchaus Parallelen feststellen.

Die Kelten gingen sogar noch einen Schritt weiter. Dieses naturverbundene Volk kannte die »Zeit der Bäume« – sozusagen die innere Uhr eines jeden Baumes und damit die natürlichen Gegebenheiten an einem bestimmten Ort zu einer bestimmten Zeit. So entstand in Übereinstimmung mit den Zeiten einzelner Bäume allmählich der Baumkalender. Und die den Bäumen zugeordneten Grundeigenschaften ergaben auch eine verblüffend zutreffende Grundcharakterisierung von Menschen, die zur entsprechenden Zeit geboren wurden. Ja, selbst die geografische Lage führte bei Bäumen wie Menschen zu höchst ähnlichen Veränderungen dieser Grundeigenschaften. Diese Erkenntnisse bilden die einfache und ganz natürliche Grundlage des keltischen Baumhoroskops.

Die Suche nach dem seelischen Standort

Das keltische Baumhoroskop ist eine naturnahe, praktische Lebenshilfe, die auf jahrhundertealte Erkenntnisse und Erfahrungen baut und die den Menschen so nimmt, wie er ist. Es ist ein einfacher Wegweiser bei der Suche nach dem eigenen seelischen Standpunkt, der den Menschen als eine Ganzheit anerkennt.

Das keltische Baumhoroskop geht auf den keltischen Baumkreis zurück, der eine Ordnung für das Phänomen der Zeit darstellte. Der Kreis wiederum ist ein uraltes Symbol für die Ganzheit der Seele.

Wer dieses Naturhoroskop verstehen will, muss sich zuerst einmal die Stellung der Druiden in der keltischen Kultur vergegenwärtigen. Die Druiden haben – nicht erst seit Asterix – den sagenhaften Mythos inne, sich der positiven Magie zu bedienen. Zudem hatten sie einen unerschütterlichen Glauben an die »Andere Welt« und an die unsterbliche Seele. Sie erforschten profund die heilenden Kräfte der Natur und waren zudem hervorragende Homöopathen der damaligen Zeit. Die Kelten galten überall als besonders furchtloses Volk – und es waren Wissen und Weisheit der Druiden, die ihnen die Angst genommen hatten. Die Angst nämlich ist die größte Bürde der Seele. Und wer sich von ihr befreit, setzt ungeahnte Kräfte frei.

Die Überwindung der Angst durch eine Rückbesinnung auf die Ur-Natur des Menschen, die uns heute innewohnt wie am ersten Tag der Menschwerdung, dabei soll uns das keltische Baumhoroskop unterstützen. Es regt uns dazu an, uns selbst ohne rosa Brille zu sehen, unseren Charakter ohne Beschönigungen zu bestimmen und so den natürlichen Standpunkt der eigenen Seele zu definieren. In Einklang mit Natur und Umwelt, mit den eigenen Stärken und Schwächen wird es leichter, dem Leben die Stirn zu bieten und sich wieder ein Stück mehr mit sich selbst und dem Fluss des Lebens zu verbinden.

Das Volk der Kelten

Die Kelten – ein historischer Überblick

1000 bis 800 v. Chr.	Die mitteleuropäische Eisenzeit ist gleichzeitig auch der Beginn der keltischen Geschichte.
um 600 v. Chr.	Früheste schriftliche Aufzeichnungen erwähnen die Kelten als Volk, das im südwestlichen Mitteleuropa lebt. Die Kelten sind es hauptsächlich, die eine Vielfalt von metallenen Waffen und anderen Gegenständen aus Eisen fertigen. Sie beginnen, sich vom heutigen Gebiet Frankreichs aus auch auf der Iberischen Halbinsel und im südöstlichen Britannien anzusiedeln.
um 500 v. Chr.	In der so genannten »La-Tène-Zeit« breiten sich die Kelten über ganz Europa aus. Sie verfeinern ihre Handwerkskunst und schmieden nun auch Schmuck aus Silber, Gold und Bronze und prägen in Nordeuropa die ersten Münzen.
um 400 v. Chr.	In östlicher Richtung erreichen die Kelten das heutige Gebiet von Siebenbürgen und Dalmatien. Und jetzt haben sich die Kelten auch in Oberitalien breitgemacht,

	Melpum (Mailand) und Felsina (Bologna) sind fest in gallischer Hand. Auch nördlich und südlich des Po leben Kelten. Diese Gegend ist der Ausgangspunkt, um weiter in südlicher Richtung zu ziehen.
387/386 v. Chr.	Über Etrurien gelangen die Kelten südwärts bis nach Rom. Sieben Monate besetzen sie die Ewige Stadt, mit Ausnahme des Kapitols.
334 v. Chr.	Tausende von Kelten stellen sich in den Dienst Alexanders des Großen und tragen entscheidend zu seiner Vorherrschaft im persischen Reich bei.
280 v. Chr.	Im Osten sind die Kelten vom Drau-Save-Becken und von der Donau aus inzwischen nach Makedonien und Griechenland vorgedrungen.
279 v. Chr.	Plünderung Delphis durch die Kelten.
278/277 v. Chr.	Auf Wunsch des bithynischen Königs Nikome I. setzt eine Gruppe von Kelten nach Kleinasien über, lässt sich dort nach Kämpfen mit den Seleukiden in Großphrygien nieder. Das Land wird nach den Eroberern Galatien genannt.
3. Jahrhundert v. Chr.	Die Kelten haben sich in ganz Europa angesiedelt. Ihr Kulturraum reicht von den britischen Inseln bis nach Anatolien. Doch nirgendwo hat dieses Volk Staaten

	oder Stammesbünde gebildet. (Einzige Ausnahme: Das Keltenreich von Tylis/Tilios in Thrakien von 277 bis 212 v. Chr.).
222 v. Chr.	Der Verfall der keltischen Macht in Europa beginnt in Italien. Rom bremst die Kelten, besiegt sie, schickt sie zurück Richtung Norden. Von dort drängen aber die Germanen schon seit einiger Zeit die Kelten immer mehr an die Mainlinie.
58/50 v. Chr.	Cäsar erobert Gallien. Die Dominanz auf westlichem Festland ist damit dahin. Auch im Südosten Europas nehmen die Römer durch Unterwerfung von Noricum, Vindelikien und Pannonien den Kelten die Macht ab. Die La-Tène-Zeit geht zu Ende, und die Kelten, deren Blütezeit bereits etwa 160 v. Chr. überschritten war, rücken in den geschichtlichen Hintergrund.
Zeitwende	Mit Beginn unserer Zeitrechnung haben die Kelten jeglichen Einfluss auf dem europäischen Festland verloren. Nur in Britannien lebt ihre Kultur weiter.

Dieser kleine geschichtliche Überblick erhebt selbstverständlich keinen Anspruch auf Vollständigkeit, sondern soll nur den Grundrahmen zeichnen, in dem die Kultur der Kelten – wie sie heute überliefert ist – entstand.

Die Druiden

Um die Entstehung des keltischen Baumhoroskops zu verstehen, muss man die Bedeutung der Druiden für das keltische Volk beleuchten. Die Druiden waren den Kelten, was anderen Naturvölkern der Schamane oder Medizinmann ist. Sie waren Wissende und Heiler – zunächst in einer Person. Später übernahmen verschiedene Druiden bestimmte Funktionen, und es kamen auch noch zusätzliche Aufgabengebiete hinzu.

»Wissen« wurde damals etwas anders definiert als heute. Es meinte nicht nur die Gesamtheit der Kenntnisse der damaligen Zeit, sondern auch das intuitive Erkennen verstandesmäßig nicht fassbarer Zusammenhänge. Die Druiden waren also die geistige Elite der Kelten, verloren dabei aber nie den Bezug zur Natur und zu dem Leben der »einfachen« Menschen. Sie bemühten sich vielmehr um größtmögliche Nähe zum Volk und darum, ihr Wissen allen zugänglich zu machen. Jeder, der wollte, konnte sich einem Lehrer anschließen und an einem der heiligen Orte der Druiden lernen. Es gab keine Auswahlkriterien, keinen »Numerus clausus«. Nur der ernsthafte Wunsch zu lernen und der spätere Erfolg zählten.

Vom Ur-Druiden zum Druidentum

Natürlich entwickelte sich auch die keltische Welt weiter und wurde zunehmend komplexer. Ein Druide war den immer mehr und komplizierter werdenden Anforderungen allein nicht mehr gewachsen. So gab es schließlich Druiden ersten, zweiten und dritten Grades, die zudem untereinander die verschiedenen Wirkungsgebiete aufteilten.

Die Druiden ersten Grades waren die erfahrensten Weisen, Seher, die einen besonderen Draht zu den übergeordneten Dingen des Lebens pflegten. Heute würde man sie vielleicht als Hohepriester und Philosophen in einer Person sehen. Diese Druiden dienten den Fürsten und Königen als hoch angesehene Berater. Sie widmeten sich aber auch weiterhin der Suche nach Erkenntnis in Meditation und Lehre und gaben das gesammelte Wissen an den »Druiden-Nachwuchs« weiter. Sie selbst hatten nur noch den Oberstenrat der Druiden über sich, der sich einmal im Jahr an einem heiligen Ort versammelte.

Die Druiden zweiten Grades wurden mehr und mehr mit gesellschaftlichen Funktionen betraut. Sie waren für Kunst und Kultur, für Recht und Ordnung zuständig und fungierten zudem als Ratgeber und Heiler. So gab es Druiden, die sich speziell um Sprachpflege und den Erhalt von sinnvollen Traditionen kümmerten, andere waren als Dichter, Sänger und Musiker unterwegs. Einige Druiden erlangten Ruhm als Meister des magischen Gesangs, der für Segenswünsche und Verfluchungen zu gebrauchen war; wiederum andere erfüllten das Amt des Gesetzgebers oder Richters oder stellten sich als Hellseher, Seelsorger oder Kenner der magischen Heilkräuter in den Dienst des Volkes.

Die Druiden des dritten Grades schließlich waren die Lehrlinge. Und dass Lehrjahre auch damals schon keine

Herrenjahre waren, zeigt sich allein in der Tatsache, dass so ein »Studium« durchaus bis zu zwanzig Jahre dauern konnte. Die Prüfung zum anerkannten Druiden nahmen am Ende die Druiden ersten Grades ab.

Die Kelten, die ersten Weltbürger

Die Kelten waren westindogermanische Stämme, die sich etwa ab Ende des dritten Jahrtausends vor Christus ganz allmählich fächerförmig über ganz Europa verbreiteten. Die Griechen nannten sie Keltoi, die Römer Gallier, und sie waren ein Volk, das eroberte: Den Norden von Irland, Schottland und England aus, den Westen über Spanien und Portugal; im Süden drangen sie sogar bis nach Rom vor; mit Alexander dem Großen zogen sie im Osten bis nach Indien.

Es kennzeichnet die Kelten, dass die verschiedenen Stämme niemals eine komplexe gemeinsame Staatsform entwickelten – einige Geschichtsschreiber behaupten, weil sie untereinander zu zerstritten und deshalb nicht dazu fähig gewesen wären. Das ist eine zumindest eigenwillige Sicht der Dinge, wenn man bedenkt, dass die Kelten zu ihrer Blütezeit fast ganz Europa und weite Gebiete bis nach Kleinasien beherrschten. Es gab wohl eher deshalb keinen festen Verbund, weil die Kelten einen freien Stammesbund jeder anderen Staatsform vorzogen. Historiker tun sich offensichtlich schwer damit, dass ein so selbstbewusstes und weit verbreitetes Volk aus freien Stücken auf so etwas wie einen Großmacht-Anspruch verzichtete. Auch war es eine Eigenart der Kelten, dass sie sich nach siegreichen Eroberungszügen schnell mit den regionalen Völkern verstanden und ihre Religionen und Kulturen verschmolzen. Vom heutigen Standpunkt aus könnte man die Kelten als die ersten Weltbürger bezeichnen.

Der geschichtliche Erfolg der Keltenstämme lässt sich mit Sicherheit darauf zurückführen, dass die Druiden sie schon früh gelehrt hatten, dass es noch etwas anderes gibt als Macht und Reichtum. Sie glaubten an die alles einende Kraft der Natur, an die Unsterblichkeit der Seele, an ein übergeordnetes Ganzes – und an den Dezentralismus, die für den Einzelnen nachvollziehbare Ordnung im Kleinen und Privaten. Und diesem Gedanken hätte ein großes, zentrales Reich widersprochen. Die Kelten waren die ersten Dezentralisten; sie organisierten nur das Überlebensnotwendige – und konnten sich ansonsten einfach am Leben erfreuen. Aber warum weiß man so wenig über dieses große Volk, wird so viel gemutmaßt im Zusammenhang mit ihrem Leben und Glauben? Die Druiden lehnten es ganz einfach ab, schriftlich Gebote, Gesetze oder Riten festzuhalten. Diese wurden nur mündlich vermittelt und überliefert. Woher wir dann überhaupt wissen, dass es die Kelten gab, wie sie lebten und was sie glaubten? Größtenteils von anderen Völkern, die sie trafen und gegen sie kämpften. Vor allem die Chronisten der Griechen, Römer (auch Julius Cäsar selbst) und Iren haben die Lebensweise der Kelten immer wieder beschrieben.

Die Römer unter Cäsar führten, wie man weiß, einen erbitterten Krieg gegen die Gallier, was auch der Grund dafür ist, weshalb diese oft wenig schmeichelhaft als brutal und blutrünstig in die Geschichte eingingen – schließlich stammen die Überlieferungen von ihren Feinden. Als weitere Informationsquelle helfen archäologische Entdeckungen entscheidend weiter. Und aus alledem lassen sich dann verbindliche Aussagen über die Kelten herausfiltern.

Steckbrief eines Volkes

Wie schon erwähnt, waren die Kelten Südeuropäer indogermanischen Ursprungs. Sie müssen einst im nördlichen Indien zu ihrem Zug nach Europa aufgebrochen sein. Verblüffend ist jedoch das Folgende: Während die Ureinwohner Indiens hauptsächlich die Blutgruppe B hatten, so herrschte bei den Kelten Blutgruppe 0 vor – das haben Wissenschaftler herausgefunden und belegen damit, dass es sich um zwei getrennte Volksstämme handelte und Indien möglicherweise auch nur eine »Durchgangsstation« auf dem Weg der Kelten darstellte.

Durch archäologische Funde weiß man, dass die Kelten längere Zeit in Böhmen lebten, von wo aus sie immer weiter westwärts zogen. Der Grund für ihre Wanderschaft war, dass sie dem Sonnenlauf folgten, weil sie hofften, so ins Heimatland der Sonne zu gelangen.

Ein typischer Kelte wird als sehr groß und kräftig beschrieben, als blond oder rothaarig, mit heller, feiner Haut und blauen Augen. Die Männer ließen sich Bärte wachsen und standen den Frauen in Sachen Eitelkeit in nichts nach. Beide schmückten sich gern mit viel Gold und ihre Kleidung war recht farbenfroh. Ihre Haare wuschen sich die Kelten mit Kalkschlamm, damit sie noch heller leuchteten. Und sie achteten auf ihre Figur, denn es war verpönt, dick zu sein.

Im Gegensatz zu den Germanen, so haben es die verschiedenen Chronisten beobachtet, waren die Kelten keineswegs keusch. Dieses kreative Volk war emotional, leidenschaftlich und extrovertiert – fast in jeder Lebenslage. Die einzige Ausnahme bildeten die Bereiche Religion, Magie und Mythologie. Hier waren die Kelten gehorsam und hielten sich an die strengen Gebote der weisen Druiden.

Das Volk der Kelten lässt sich in zwei große Gruppen einteilen: Bis 1200 vor Christus reichen die Spuren der Kelten des Tieflandes zurück. Diese waren künstlerisch sehr begabt, beschäftigten sich hauptsächlich mit der Landwirtschaft und spezialisierten sich auch auf die Metallverarbeitung. Sie waren sehr gläubig und beeinflussten die Völker, die sie auf ihrem Weg nach Westen trafen.

Das vermeintliche »echte Keltentum« wurde von der zweiten Linie repräsentiert, die allerdings erst rund 600 v. Chr. auftauchte. Zu ihr zählen die martialischen Kelten. Sie standen im Ruf, sehr mutig und draufgängerisch zu sein, weswegen sie wohl ihren Lebensunterhalt oftmals als Söldner in fremden Heeren bestritten. Sie bildeten im Gegensatz zur ersten Linie eine Klassengesellschaft, deren Sozialwesen von Überwachung geprägt war.

Auch die Sprache der Kelten lässt sich in zwei Linien gliedern. Die Linguisten haben auf der einen Seite das »q«-Keltische ausgemacht, das auch als Gälisch bekannt ist. Hier hat sich der indoeuropäische »qv«-Laut als ein »k« (»c« geschrieben) erhalten, und so schrieb man in Irland und auf der Isle of Man; erst 500 n. Chr. verbreitete sich diese Sprache auch in Schottland. Die zweite Linie heißt »p«-keltisch oder britannisch. An Stelle des »q« trat hier in der Sprachentwicklung ein »p«. Diese Form des Keltischen war in ganz Europa häufig anzutreffen, und man nannte sie gallo-bretonisch oder ganz einfach gallisch. In römischen Zeiten sprach man so auch in Britannien; später entwickelten sich daraus das Walisische, Bretonische und der Dialekt Cornwalls.

In Irland lebt die keltische Kultur noch heute

Nach dem Sieg des römischen Großreiches über die Kelten wurde deren Kultur mit unglaublicher Härte verfolgt. Alle Druiden wurden zu Verbrechern und Scharlatanen erklärt, so sehr fürchteten die Sieger die Kraft der keltischen Weisen. Ihre Lehren galten als staatszersetzend und dämonisch – und doch überlebten viele von ihnen.

Wer fliehen konnte, zog sich nach Irland zurück, und will man den Kelten heute auf die Spur kommen, muss man einfach diese herrliche grüne Insel besuchen, wo noch heute ihre Mythologie und Kultur zumindest in Teilen erhalten ist.

Die gälische Sprache, die in Irland teilweise noch gesprochen wird, ist eines der lebendigen Zeichen keltischer Wurzeln. Zwar wird sie immer mehr vom Englischen (das seinerseits keltische Wortstämme enthält) verdrängt, doch auf

Straßenschildern und in Namen sowie Ortsbezeichnungen ist sie in Irland präsent. Es wird inzwischen sogar von staatlicher Seite versucht, die irische Sprache zu bewahren und auch den jungen Menschen dort zu vermitteln, wie wichtig es ist, die eigene Geschichte zu erhalten.

Außerdem pflegen die Iren ihre keltischen Wurzeln noch auf anderem Wege: durch die Sagen und Legenden, die noch heute erzählt werden und die Erinnerung lebendig halten.

Der keltische Baumkreis

Jeder Mensch hat Sehnsucht nach allgemein gültigen Werten, jede Kultur stellt sich deswegen wenigstens einen Kalender auf, der dem Menschen als Orientierungshilfe dienen soll. Der keltische Jahreskalender der Baumzeichen orientiert sich dabei an unserem unmittelbaren Lebensraum – also der Natur. Sonne und Mond, der Wechsel von Tag und Nacht, die zyklische Veränderung der Pflanzen nach den Jahreszeiten: Das sind die Parameter, die einem »natürlichen Zeitmaß« zu Grunde liegen.

Den Kelten war dieser Rhythmus der Natur noch mehr als nur ein Kalender. Aus den Eigenschaften und dem Verhalten der Pflanzen innerhalb des Gesamtgefüges leiteten sie ihr ganzheitliches Ordnungssystem ab: den Baumkreis. Darin steht ein Baum nicht nur für eine bestimmte Zeitspanne, sondern wird auch mit anderen Bedeutungen in Verbindung gebracht – Bedeutungen, die für den Menschen eine Rolle spielen, der zur Zeit eines bestimmten Baumes geboren wird.

Der Baum als Symbol für Leben

Die Astrologie hat Tierkreiszeichen als Symbole für Menschen-Typen ausgewählt; dagegen haben die Kelten die

Bäume auserkoren, um bestimmte menschliche Charaktere darzustellen. Doch warum sollte ausgerechnet ein Baum den Menschen so trefflich widerspiegeln? Die Antwort der Druiden ist wie immer einfach: Bäume sind eine elementare Voraussetzung für menschliches Leben überhaupt; ohne sie könnten wir nicht einmal atmen. Außerdem zeigen die Bäume ganz deutlich, wie es um die anderen wesentlichen Lebensvoraussetzungen (Licht, Wärme, Wasser, Nährstoffzufuhr usw.) bestellt ist. Die Bäume bringen es mit gesundem oder verkrüppeltem Wuchs, mit sattem oder dürrem Laub, mit Blüte oder Starre zum Ausdruck. Den Druiden war jederzeit bewusst, dass sie sich nicht über die Dinge stellen durften; sie hatten erfahren, dass nur im Miteinander, in Rücksichtnahme und Verantwortung eine Zukunft liegt – für die Natur, deren Teil der Mensch ist. Und in dieser Natur auf der Erde gibt es eine unangefochtene Nummer eins unter den Lebewesen, die das Überleben der anderen in essenzieller Weise sichert: den Baum.

Ohne Nahrung können Mensch und Tier wochenlang auskommen, auf Wasser können sie für zwei bis drei Tage verzichten, wenn es sein muss, aber wird ihnen der Sauerstoff genommen, dann erlischt ihr Leben in wenigen Minuten. Fatalerweise ist uns dieses Bewusstsein in der heutigen Zeit weitgehend verloren gegangen; Essen und Trinken – das sind anerkannte Grundbedürfnisse, doch die gute Luft zum Atmen ist uns (zu) selbstverständlich geworden. Vielleicht ist das so, weil Sauerstoff nicht sichtbar ist, weil er so grenzenlos verfügbar scheint. Dabei spürt man es doch, wenn die Luft schlecht ist, und seit der industriellen Revo-

Der keltische Baumkreis

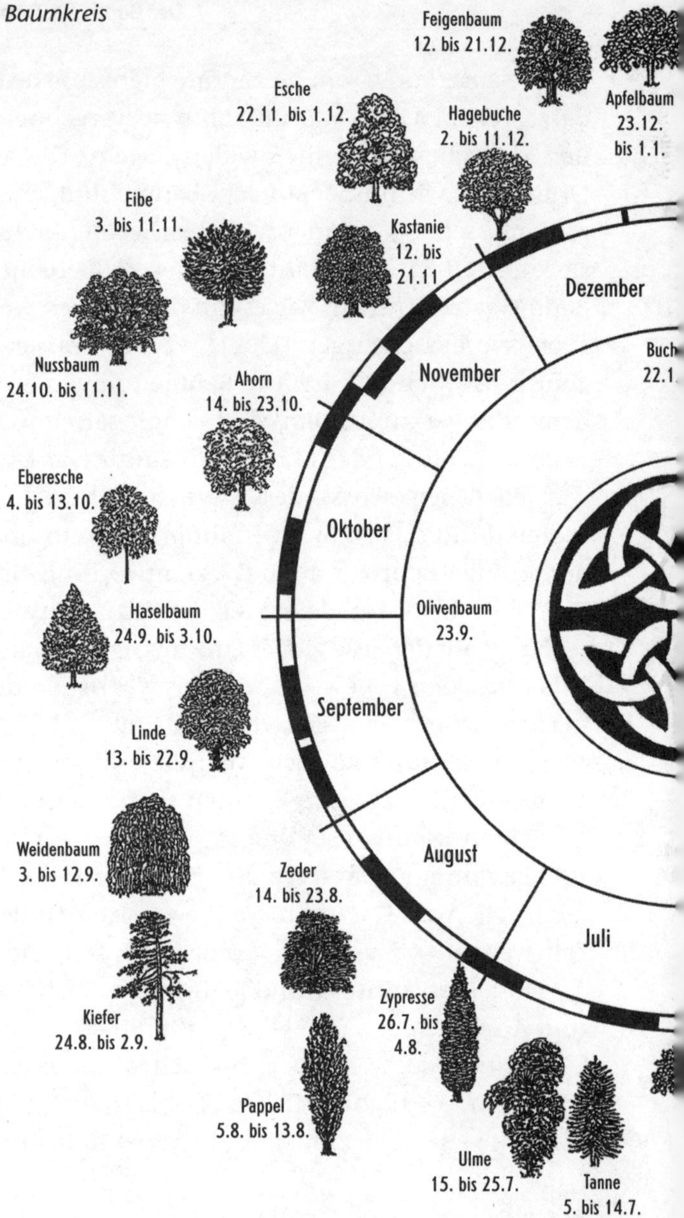

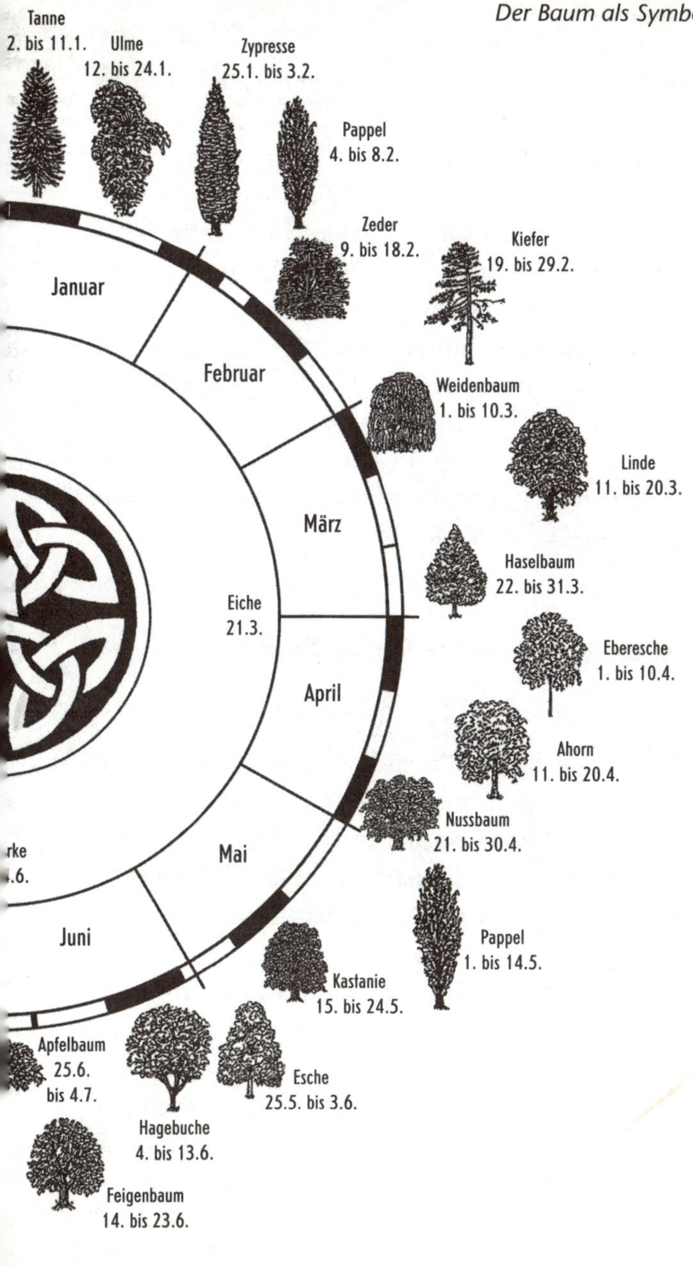
Tanne
2. bis 11.1.
Ulme
12. bis 24.1.
Zypresse
25.1. bis 3.2.
Pappel
4. bis 8.2.
Zeder
9. bis 18.2.
Kiefer
19. bis 29.2.
Januar
Februar
Weidenbaum
1. bis 10.3.
Linde
11. bis 20.3.
März
Haselbaum
22. bis 31.3.
Eiche
21.3.
Eberesche
1. bis 10.4.
April
Ahorn
11. bis 20.4.
Nussbaum
21. bis 30.4.
Mai
Pappel
1. bis 14.5.
Juni
Kastanie
15. bis 24.5.
Apfelbaum
25.6.
bis 4.7.
Esche
25.5. bis 3.6.
Hagebuche
4. bis 13.6.
Feigenbaum
14. bis 23.6.

lution leiden wir Menschen und auch alle anderen Lebewesen darunter.

Aber auch auf anderen Ebenen ist der Baum uns nützlich: Denken wir mal nicht an Sauerstoff und Fotosynthese, sondern an die Früchte, das Holz, Schatten und Schönheit – Dinge, die ein Baum so »ganz nebenbei« erbringt. So gesehen ist der Baum ein sehr geeignetes Symbol für menschliches Leben: Er regelt das Klima, sorgt für den lebensnotwendigen Sauerstoff, speichert Wasser, bereitet den Boden zu Humus auf und trägt – teilweise essbare – Früchte. Selbst sein Tod bringt uns noch Nutzen – Holz lässt sich zu vielen nützlichen Dingen des Lebens verarbeiten, beispielsweise zu einem Dach über unserem Kopf.

Die Bedeutung der Sonne im keltischen Baumhoroskop

Für die Kelten war Zeit kein lineares »Nacheinander«, Zeit und Ewigkeit bildeten in ihrem Weltbild vielmehr eine Einheit. Auch Tag und Nacht betrachteten sie nicht als eine zeitliche Abfolge, sondern als unendlichen Kreis, der für sie, wie erwähnt, die Ganzheit der Seele, also eine heile Seele (im Sinne von gesund) symbolisiert.

Die Kelten teilten den Naturzyklus, den wir ein Jahr nennen, nicht in Wochen und Monate ein, sondern in 40 Perioden, die den Wachstumszyklen der Bäume entsprachen. Das Leben war für sie nicht bloß eine einmalige Aneinanderreihung von Zufällen, sondern eine ständige zyklische

Wiederkehr, wovon auch der Tod ein Teil war. Mit der Wiedergeburt, an die dieses Naturvolk glaubte, fing dann alles wieder von vorn an.

Wie heute nur noch die Kinder, lebten die Kelten in einem beneidenswert zeitlosen Bewusstsein, was sie auch so furchtlos machte, dass sie sich (laut Überlieferungen) sogar ins eigene Schwert stürzten – nur um einer Sache, einer Meinung den nötigen Nachdruck zu verleihen! Sie hatten keine Angst vor dem Tod, für sie war er lediglich ein neuer Anfang.

Dagegen sprachen die Kelten den Mondzyklen und vor allem der Sonne große Bedeutung zu. Sie wussten, dass Tag und Nacht nicht immer gleich waren, dass in diesem Wechsel die Urkräfte der Natur zu Tage traten und dass sich nach dem Stand der Sonne die Wachstumszyklen der Pflanzen, ja aller Lebewesen richteten. Die Sonne war aus der Sicht der Kelten die eigentliche Mutter allen Lebens, und wie wir mittlerweile wissenschaftlich belegt haben, ist die Sonne tatsächlich die Urkraft alles Seienden. Und an den Bäumen lässt sich die Wirkung der Sonne, ihr Einfluss auf die Entwicklung des Lebens besonders deutlich ablesen.

Botanische Charakteristik und Baumhoroskop

Wenn nun im Folgenden die Charaktere beschrieben werden, die den einzelnen Baum-Typen zugeordnet sind, so wird dem jeweils die botanische Charakteristik vorangestellt. Daraus lässt sich bereits einiges ablesen, denn Gestalt, besondere Eigenschaften sowie bevorzugte Standorte können bereits darüber Aufschluss geben, wie und wo der entsprechende menschliche Baum-Typ sich am besten entwickelt – und somit glücklich wird.

Wer das nicht so recht glaubt, dem will ich eine kleine Anekdote erzählen: Eine ältere Dame, die ich wegen ihrer Lebensfreude und ihrem Lebensmut noch im hohen Alter sehr schätze, erzählte mir bei einem Abendessen lachend, dass sie in jungen Jahren schon einmal an einer schlimmen Depression gelitten habe, doch das sei nun endgültig vorbei. »Ich darf nur nicht im Norden leben.«

Dieser Satz weckte meine Neugier. Und so erzählte sie mir, dass sie mit 28 Jahren zum ersten Mal geheiratet hatte – einen Norweger. Die Liebe zu ihm war so groß, dass sie alle Zelte in Deutschland abbrach und zu ihm in den hohen Norden zog. Doch trotz Liebesglück und scheinbar rundum optimalen Bedingungen wurde sie immer schwermütiger. »Ich habe halt die wenige Sonne nicht vertragen, das trübe Licht!«

Fünf Jahre lang hielt sich die damals noch ganz junge Frau mit allen möglichen Medikamenten gerade so über Wasser, bis sie todunglücklich – vor allem natürlich wegen der Trennung von ihrem Mann – nach Deutschland zurückkehrte. Von da an ging es für sie plötzlich wieder bergauf – und das hat sich bis heute fortgesetzt.

Nach dem keltischen Baumhoroskop war die alte Dame ein Feigenbaum – und der braucht, laut botanischer Charakteristik, viel Licht und Wärme, um zu überleben.

Nun könnte man einwenden, dass es auch in den nordischen Ländern Menschen gibt, die zur Zeit des Feigenbaumes geboren sind. Das ist natürlich richtig, aber diese sind in die herrschenden Bedingungen hineingeboren worden und konnten von Anfang an lernen, mit ihnen umzugehen – und das berücksichtigt das keltische Baumhoroskop auch. Trotzdem kommt man bei diesem Beispiel an der Tatsache nicht vorbei, dass in den nordischen Ländern die Zahl der schweren Depressionen überdurchschnittlich hoch ist. Man könnte jetzt weiter einwenden, dass es im Norden weite Flächen schönen und gesunden Waldes gibt, also viele Bäume, die sich wohl fühlen. Aber auch das ist kein echtes Gegenargument, denn auf Dauer überleben in den nordischen Wäldern tatsächlich nur die winterharten Arten, viele andere gehen jämmerlich ein.

Die Eiche

(Stieleiche, Quercus Robur)

Botanische Charakteristik

Die Eiche ist ein Wunder der Natur. Sie überdauert Jahrhunderte, und ihre Wurzeln sprengen sich selbst in felsigem Gelände den Weg zum Wasser frei. So kann sich die Eiche fast überall behaupten.

Erscheinungsbild

Die Stieleiche, die der »Deutschen Eiche« entspricht, ist sommergrün, kann bis zu 45 Meter hoch werden und ist meist von stattlichem Erscheinungsbild. Vor allem wenn sie frei steht, entwickelt sie eine besonders schöne kugelig geformte Krone. Häufig verzweigt sich der Stamm bereits in geringer Höhe über dem Boden, die Äste sind gekrümmt, gedreht und sehr massiv. Die Rinde hat einen Farbton zwischen Hellgrau und Graubraun, sie zeigt bereits bei sehr jungen Bäumen tiefe Furchen, als hätte sie schon viele Unwetter erlebt.

Die Blätter sind oben dunkel-, unten hellgrün. Auffallend erscheinen ihre Rundungen: Die ovalen Blätter sind kurvig eingeschnitten. Blütezeit ist von Mai bis Juni. Kugelig-oval zeigen sich bereits die Knospen der Stieleiche – fast wie ihre Früchte, die Eicheln. Diese sehen aus wie knapp zwei Zenti-

meter große, braune Eier in flachen grünlichen »Eierbechern«, die in Zweier- und Dreiergruppen an einem bis zu sechs Zentimeter langen Stiel hängen (daher der Name).

Standort

Die Stieleiche hat eine besondere Vorliebe für frische oder grundfeuchte Böden. Dort gedeiht sie besser als anderswo; sie erträgt allerdings auch große klimatische Extreme.

Vorkommen

Die Stieleiche findet sich überall in Europa, vor allem im Flachland, in Nordrussland ebenso wie in Südwestspanien. Sie ist ein wichtiger europäischer Waldbaum und wird deswegen in vielen Gegenden auch forstwirtschaftlich kultiviert.

Besonderheiten

Die Eiche kann ein enormes Alter erreichen. Mit bis zu 1000 Jahren wird sie so alt wie kein anderer Laubbaum. Die zurzeit älteste bekannte Stieleiche soll in Deutschland bei Erle im Münsterland stehen und sogar 1400 Lenze zählen. Extrem alte Stieleichen geben jedoch im hohen Alter oftmals ihre schöne kugelige Kronenform auf.

Früher wurden Urkunden nur mit Eichengallustinte abgefasst, die aus den so genannten Galläpfeln gewonnen wurden – Wucherungen, die als Schutzmaßnahme gegen Parasiten auf den Eichenblättern entstehen und sehr gerbstoffreich sind.

Die Deutung der Kelten

Die Druiden sahen in der Eiche die große Kraft der Individualität, die Stärke, die man braucht, um sich selbst zu finden und zu verwirklichen; sie symbolisiert ein eigenständiges Leben jenseits des Urteils der Masse. Deshalb haben sie die Eiche auch auserkoren, nur für einen Tag, für den Frühlingsanfang zu stehen.

Die Eiche-Geborenen

(21. März)

Kurzcharakteristik: Lebensfroh, stark, ausdauernd und optimistisch, verantwortungsbewusst und entscheidungsfreudig. Ihr Motto: Ich will alles!

Ihre Stärken

Die Eiche-Geborenen sind die Verkörperung des immer positiv denkenden Menschen. Sie sind kaum unterzukriegen, nach jedem Rückschlag sammeln sie nur noch mehr Kraft. Menschen, die am 21. März geboren sind, wollen Zeichen setzen und im Mittelpunkt stehen.

Ihr Temperament und Tatendrang sind beachtlich, nicht erst nach einem doppelten Espresso am Morgen. Weder

Vergangenheit noch Zukunft stehen im Zentrum ihres Interesses, sondern allein die Gegenwart. Jetzt und hier möchten Eiche-Geborene leben, aus dem Vollen schöpfen und genießen. Sie brauchen eine großzügige, freie Umgebung mit viel Stil, denn nur hier fühlen sie sich wirklich rundum wohl. Ihr Charme ist bezaubernd und einnehmend.

Ihre Schwächen

Das sicherlich größte Problem der Eiche-Geborenen ist die Unfähigkeit, erst in der zweiten oder dritten Reihe zu stehen. Man könnte es auch einfach Eitelkeit nennen.

Muss eine Eiche ständig um den Platz an der Sonne kämpfen, kann aus ihrer Tatkraft Rücksichtslosigkeit und aus ihrem gesunden Egoismus purer Eigensinn werden. Wird ihr Selbstwertgefühl infrage gestellt, empfindet sie das schnell als existenzielle Bedrohung und kann dann sehr aggressiv reagieren. Die Fähigkeit zur Selbstkritik gehört auch nicht zu den großen Tugenden der Eiche. Im Gegenteil: Fehler kann sie nur sehr schwer eingestehen – und wenn doch, dann versucht sie sie wenigstens zu vertuschen. Eine weitere Ursache für mögliche Schwierigkeiten ist eine ausgeprägte Abenteuerlust.

Eiche-Geborene und die Liebe

Feurig sind die Eiche-Geborenen, vor allem was Sex und Erotik anbelangt. Sie brauchen bodenständige, ruhige und auch tolerante Partner. Weil sie selbst gerne den Ton angeben, reagieren sie empfindlich auf jede Art der Bevormundung. Werden sie dagegen gebührend bewundert, ist ihr Herz schon gewonnen. Wer jedoch eine Eiche reizt, muss sich auf explosive Reaktionen gefasst machen.

Körperliche Schwachstellen

Wirbelsäule, Knie, Lungen, Herz, Augen

Heilkräuter der Eiche

Rosmarin, Lorbeer, Wacholder, Pimpernell, Kamille, Johanniskraut

Das sollten Eiche-Geborene beachten

Nicht umsonst ist der Eiche im Baumhoroskop der Kelten nur ein Tag zugeordnet, denn solch durch und durch optimistische, tatkräftige und robuste Menschen sind selten. Wie der Baum braucht auch der Eiche-Mensch, wenn er optimal gedeihen will, viel Platz, viel Licht und mehr als nur die Befriedigung der elementaren Grundbedürfnisse.
Ein Leben im großen Stil (nicht zu verwechseln mit Protzerei!) ist ihm ein Anliegen und ermöglicht es ihm, tatsächlich eine stattliche Erscheinung, eine Persönlichkeit mit Charisma und Ausstrahlung zu werden.

Dieses Baumzeichen ist am treffendsten mit Adjektiven zu beschreiben, die das Wörtchen »groß« beinhalten: von großartig bis großzügig. Es steht für echte Führungspersönlichkeiten, die Aufgaben und Herausforderungen brauchen, ja sogar lieben. Wird ihnen die Rolle des bloßen Befehlsempfängers aufgezwängt, werden sie aggressiv oder verkümmern seelisch. Die Eiche will nicht nur, sie gehört auch in die erste Reihe.

Doch sie gedeiht auch gut in einem Ensemble. Eines aber ist bei der Teamarbeit mit Eichen besonders wichtig: Die gleichberechtigten Partner müssen ihr wirklich ebenbürtig, also wirkliche Größen auf ihrem Gebiet sein. Denn Mittelmaß kann neben einer Eiche nicht bestehen.

Wenn wir uns noch einmal den Eichenwald betrachten, können wir noch weitere Merkmale an ihm ablesen, beispielsweise, welche Bedingungen junge Eichen besonders schätzen. Die kleinen Bäume halten sich nämlich lange Zeit im Schutz der großen auf, die sie mit ihren mächtigen Kronen schützen. Diese Zeit der Reife ist sehr wichtig, und erst wenn ein großer alter Baum in ihrer Nachbarschaft abstirbt, ist ihre Zeit gekommen und sie nehmen den nun frei gewordenen Platz im großen Ganzen ein.

Wie eingangs bereits erwähnt, sind Eichen die wohl robustesten Laubbäume und auch fähig, Extreme für eine Weile auszuhalten, doch diese sollten nicht zur Dauereinrichtung werden. Denn in ständigem Überlebenskampf büßen Eichen von ihrer natürlichen Persönlichkeit ein.

Der Haselbaum

(Corylus Colurna)

Botanische Charakteristik

Die Hasel ist eine Pionierpflanze. Sie bereitet den Boden, dort wo noch nichts wächst – auch für andere Pflanzen.

Erscheinungsbild

Die Hasel ist am häufigsten als bis zu fünf Meter hoher Strauch anzutreffen, wächst aber auf gutem Boden und mit viel Sonne zuweilen auch zu einem kleinen Baum heran, der bis zu 20 Meter hoch werden kann. Die Umrisse dieses Laubbaumes heben sich dann klar ab, er wirkt zumeist recht ebenmäßig. Seine Krone ist kegel- oder eiförmig, schlank und deutlich erkennbar ist die Spitze. Ziemlich gerade und stets nach oben wachsen die Äste und Zweige. Blassgrau, grauweiß oder sogar mit einem Rotstich kann die Rinde sein, in jedem Fall ist sie kräftig gefurcht, rissig, rau und schuppig. Die Blätter des Haselbaumes sind fast so breit wie lang (8 bis 12 Zentimeter), herzförmig und doppelt gezackt. Da sie ziemlich dick und schwer sind, hängen sie kurz nach der Entfaltung schon auffallend träge an den kurzen Stielen. Auf der Oberseite sind sie glänzend grün, die Unterseite ist heller und matt. Die Nussfrucht ist von einer üppigen Blätterhülle umgeben und sehr schmackhaft.

Standort

Der Haselbaum stellt keine besonderen Ansprüche.

Vorkommen

Südosteuropa und Kleinasien sind die natürliche Heimat des Haselbaumes. Er findet sich hauptsächlich in Bergwäldern.

Besonderheiten

Für Wünschelruten, die beispielsweise zum Aufspüren von Wasseradern dienen, benutzt man im Allgemeinen dreijährige Gabelruten der Hasel.

Früher wurden die Ruten der Gemeinen Hasel auch als Flechtwerk im Fachwerkbau verwendet; in manchen Gegenden sind alte Bauernhäuser noch mit Haselzweigen gedeckt. Auch Körbe und Zäune flicht man aus ihnen.

Die keltische Deutung

Der Haselbaum steht bei den Druiden eng in Beziehung zur Zeugung neuen Lebens. Seine Früchte weihten sie der Göttin der Fruchtbarkeit und der Baum selbst galt ihnen als Symbol der Zähigkeit, Vielseitigkeit und Durchsetzungskraft.

Die Haselbaum-Geborenen

(22. bis 31. März und 24. September bis 3. Oktober)

Kurzcharakteristik: Kämpferisch, zäh, energisch, egoistisch, erfolgreich, sinnlich. Ihr Motto: Bis an die Grenzen gehen!

Ihre Stärken

Haselbaum-Menschen sind die typischen Pioniere, dynamische Macher, deren starker Wille sie zu außergewöhnlichen Leistungen befähigt, die sowohl physischer als auch geistiger Natur sein können.

Ihre Triebfeder ist die Lust an der Vielfalt des Lebens. Sie brauchen die Konfrontation und die Herausforderung, um in der Auseinandersetzung den eigenen Weg zu finden. Ihr Lebensprinzip ist das Durchsetzen der eigenen Interessen und die Eroberung neuen Terrains.

Ihre Schwächen

Die geballte Energie der Haselbaum-Geborenen ist gepaart mit Dickköpfigkeit und Ungeduld. Sie können eigensinnig und sehr egoistisch sein. Freiheiten und Wünsche anderer – was ist das? Ihre »Hoppla-jetzt-komme-ich-Mentalität« bringt sie oft in schwierige Situationen. Hinzu kommt noch eine übermäßige Risikobereitschaft bis hin zum Leichtsinn.

Haselbaum-Geborene und die Liebe

Haselbaum-Menschen haben hohe Idealvorstellungen von ihrem Partner: Er soll eine beeindruckende Persönlichkeit sein, auf die sie stolz sein können. Haselbäume brauchen starke erotische Reize, sonst wird es ihnen schnell langweilig. Dafür sind sie selbst auch äußerst lustvoll und leidenschaftlich. Doch Vorsicht: Eifersucht kann sie richtiggehend rasend machen!

Körperliche Schwachstellen

Kopf, Nase, Stirn- und Nebenhöhlen, Haut, Nieren, Leber, Galle, Herz und Kreislauf

Heilkräuter des Haselbaums

Wermut, Tollkraut, Basilikum, Brennnessel, Koriander, Kapernkraut, Distel, Sauerampfer, Rosmarin, Minze und Kreuzkraut

Das sollten Haselbaum-Geborene beachten

Wie der Wuchs des gedrungenen, aber zähen Baumes bereits andeutet, brauchen Menschen dieses Baumzeichens ein konkretes Ziel vor Augen und einen Sinn in ihrem Leben. Was ihre Bedürfnisse anbelangt, so finden sie sich mit nahezu allen Gegebenheiten zurecht und zeigen zuweilen sogar eine besondere Vorliebe für schwierige Verhältnisse. Sie schaffen es fast immer, auch aus einer unwirtlichen Umgebung ein Zuhause zu machen oder zumindest für die nachkommende Generation schon einmal die Weichen für eine bessere Zukunft zu stellen.

Haselbaum-Geborene sind die besten Vorreiter für eine gute Sache; wenn es neues Terrain zu sondieren gilt, kann man sich voll und ganz auf sie verlassen. Sie sind eben die geborenen Pioniere und entfalten auf diesem Gebiet ihre zahlreichen Fähigkeiten am allerbesten. Werden sie allerdings in einen vorgegebenen Rahmen oder gar in Schubladen gezwängt, überleben sie zwar, treten dann aber kaum aus dem Schatten anderer heraus.

So wohlschmeckend und reichlich die Früchte des Haselbaumes, so lohnend und von Erfolg gekrönt ist in der Regel die Arbeit der in seiner Zeit geborenen Menschen. Ist sie dies jedoch nicht, muss das als untrügliches Zeichen dafür gewertet werden, dass die Lebensziele nicht stimmen.

Ein besonderes Kennzeichen des Baumes wie auch des Baumzeichens ist es, in jungen Jahren besonders biegsam, sprich flexibel zu sein. Sie akzeptieren unabänderliche Gegebenheiten – und bauen ihr eigenes System darauf auf. Sie sind jedoch keine Traditionalisten, sondern schauen immer ein wenig über den eigenen Tellerrand hinaus. Mit zunehmendem Alter wissen die Haselbaum-Geborenen dann, was sie wollen, werden immer härter und zäher im Alltagskampf, mit der klaren Vorgabe, ihre Vorstellungen durchzusetzen. Das Schlimmste, was einem Haselbaum passieren kann, ist, permanent unterfordert zu werden. Ein Leben im Schneckenhaus – das tut ihm nicht gut.

Die Eberesche

(Vogelbeere, Sorbus Aucuparia)

Botanische Charakteristik

Die Eberesche ist der einzige Laubbaum, der bis hinauf zur Baumgrenze anzutreffen ist. Sie ist äußerst genügsam, kommt mit den unterschiedlichsten und kärglichsten Lebenssituationen zurecht und nimmt anderen Pflanzen nicht das Licht weg.

Erscheinungsbild

Die Eberesche wird im Schnitt nur fünf bis zehn, in Einzelfällen jedoch bis zu 20 Meter hoch. Sie ist ein sommergrüner Laubbaum, dessen Krone unregelmäßig aufgebaut ist. Dafür kann der Stamm vom Betrachter bis weit in die Krone hinauf verfolgt werden. Die Äste richten sich oft schräg nach oben. Die Rinde der Eberesche ist grau, wenn sie älter wird, nehmen feine Risse oder ein Leistenmuster zu. Im Juni und Juli blüht die Eberesche cremeweiß. Ihre Früchte sind hellrot und können in verschiedener Weise verwertet werden. (Nicht zu verwechseln mit den roten Beeren mancher Sträucher, die hochgiftig sein können!) Da sie aber einen sehr bitteren Geschmack haben, werden sie meist nur in Marmeladen verwendet.

Die Blätter der Eberesche sind unpaarig gefiedert, also unsymmetrisch und wechselständig. Auf der Oberseite ist ihre Farbe matt oder frisch grün, auf der Unterseite hellgrün. Zerreibt man die jungen Blätter einer Eberesche in der Hand, so entfaltet sich ein deutlicher Marzipangeruch.

Standort

Die Eberesche mag das Licht, wächst auf trockenen oder mäßig feuchten, meist nährstoffreichen Lehm- oder Steinböden. Doch sie kann auch auf Sandböden Wurzeln schlagen. Sie gehört zu den Pionierarten, die den Boden für andere Gewächse bereiten.

Vorkommen

Die Eberesche bildet sehr viele Formen aus. Deswegen ist sie auch als Park- und Straßenbaum beliebt. Ihre natürliche Verbreitung findet sie in ganz Europa und steht meist in lichten Wäldern, an Waldsäumen oder in Flurgehölzen. Die Eberesche kommt sehr häufig vor.

Besonderheiten

In Webereien wurde das harte und zähe Holz der Eberesche lange Zeit als Material für die Weberschiffchen bevorzugt. Die Früchte der Eberesche sind vor allem bei Vögeln beliebt, weswegen man sie auch als Vogelbeeren bezeichnet.

Die keltische Deutung

Den Kelten gilt die Eberesche als Symbol für den Übergang von Winter zu Sommer (und umgekehrt), als Vermittler zwischen vermeintlichen Gegensätzen und als »Frühwarner« für bevorstehende Veränderungen. Der Samen der Eberesche ist für Vögel unverdaulich – für die Kelten war das ein Zeichen, dass die Weisheit dieser Pflanze auf der ganzen Welt verbreitet werden sollte.

Die Eberesche-Geborenen

(1. bis 10. April und 4. bis 13. Oktober)

Kurzcharakteristik: Entgegenkommend, aufgeschlossen, großmütig, gesellig, gerecht, altruistisch. Ihr Motto: Die Welt verbessern!

Ihre Stärken

Eberesche-Geborene sind bemüht, nützlich zu sein und allen Gerechtigkeit widerfahren zu lassen. Sie möchten in Harmonie mit ihrer Umwelt leben. Ihre Suche nach einem stabilen Daseins-Gleichgewicht ist motiviert durch die Erkenntnis, dass man in einer Gesellschaft nicht nur die eigenen Bedürfnisse verfolgen kann. Sie wollen informiert sein, ja man könnte von einem regelrechten Bildungsdrang sprechen. Ihr strategisches und planerisches Geschick macht sie zu hilfreichen Organisatoren einer funktionierenden Gemeinschaft. Eberesche-Geborene sind Menschen, die von einer goldenen Mitte wissen – und nach ihr streben.

Ihre Schwächen

Der Drang, Gegensätze zu versöhnen, also ein enormes Harmoniebedürfnis zeigt sich auch in der Schwierigkeit, schnelle Entschlüsse zu fassen. Das kann in Opportunismus ausarten, die Friedensliebe in regelrechte Konfliktscheu. Gerade wenn man sie sehr bedrängt, können Eberesche-Geborene nur schwer Nein sagen. Sie verharren häufig in der Hoffnung, dass sich Probleme, denen intellektuell nicht beizukommen ist, von selbst lösen.

Eberesche-Geborene und die Liebe

Sie suchen nach einer dauerhaften Bindung voll Zärtlichkeit und Romantik sowie nach einem harmonischen Gleichgewicht von Geist, Liebe und Erotik. Extreme reizen sie kaum, schon gar nicht auf Dauer. Vielmehr wollen Eberesche-Geborene eine tiefe seelische Vertrautheit und Verbundenheit. Ihr Traumpartner darf ihr Harmoniestreben nicht als Schwäche verstehen, muss aber Entscheidungshilfen geben können, ohne bestimmend oder gar rücksichtslos zu sein.

Körperliche Schwachstellen

Gleichgewichtssinn, Seele, Haut, Nieren, Kreislauf

Heilkräuter der Eberesche

Schafgarbe, Rosmarin, Augentrost, Pfefferminze, Kreuzkraut, Waldmeister, Spitzwegerich und Sauerampfer

Das sollten Eberesche-Geborene beachten

Dieses Baumzeichen ist das wohl anpassungsfähigste, das wir im keltischen Horoskop finden. In der Natur ist die Eberesche, wie bereits erwähnt, der einzige Laubbaum, der bis zur Baumgrenze anzutreffen ist. Dementsprechend ist auch der Mensch dieses Zeichens sehr flexibel, fühlt sich in sehr verschiedenen Umgebungen wohl und bringt dort jeweils seine Fähigkeiten voll zur Entfaltung.

Leben und leben lassen – das ist sein Grundprinzip. Er ist ein sehr verträglicher Typ, der sich zwar nicht unterkriegen lässt, aber deshalb keinesfalls anderen die Lebensgrundlage streitig macht.

Krankheiten und psychische Probleme sind bei Eberesche-Menschen selten gravierend. Wenn doch, dann wurden wirklich existenzielle Dinge in der Lebensführung außer Acht gelassen. Denn wie gesagt: Kleinigkeiten, die andere aus der Bahn werfen (wie zum Beispiel ein Wohnungswechsel), machen diesem Baumzeichen kaum etwas aus.

Genauso wandlungs- und anpassungsfähig wie der Baum ist auch der junge Mensch. Sein Durst nach Information und Bildung sollte in jedem Fall gestillt werden, will man ihm optimale Bedingungen für sein restliches Leben schaffen. Junge Eberesche-Menschen kann man auch ohne Bedenken ihre Erfahrungen im Ausland sammeln lassen, ohne Angst haben zu müssen, dass sie geknickt oder geschwächt zurückkommen.

Mit zunehmendem Alter beweisen Menschen dieses Baumzeichens Standfestigkeit und große Klugheit. Immer weniger konfrontieren sie sich selbst mit Extremsituationen, denn sie wissen, was sie brauchen – nämlich die schon erwähnte goldene Mitte. Für die Eberesche ist es wichtig, das Finden eines sinnvollen Kompromisses abstrakt vollziehen zu können. Diese Menschen waren aufgrund dieser Fähigkeit bei den Naturvölkern stark in den Ältesten-Räten vertreten. Für die Eberesche selbst ist es von Bedeutung, dass ihre Erfahrung und Weisheit gebraucht wird, und es zeugt von einer weitsichtigen Entscheidung, wenn gerade solche Menschen in kniffligen Situationen zu Rate gezogen werden. Daraus ließe sich eine segensreiche Forderung für die Politik ableiten: Wenn es schon meist alte Männer und Frauen sind, die die Geschicke eines Volkes lenken, dann sollten es wenigstens viele Ebereschen sein!

Der Ahorn

(Bergahorn, Acer Pseudoplatanus und Feldahorn, Acer Campestre)

Botanische Charakteristik

Der Ahorn ist ein stattlicher Baum, der sich manchmal in Höhen oder raues Klima vorwagt, dem er nur schwer gewachsen ist.

Erscheinungsbild

Der Bergahorn ist ein sommergrüner Baum, der bis zu 40 Meter groß werden kann. Sein kleiner Verwandter, der Feldahorn, erreicht dagegen nur eine Höhe von zehn Metern. Beide haben eine hoch gewölbte Krone, die bei der Feldvariante auch sehr ausladend sein kann und auf einem gekrümmten Stamm sitzt. Der Bergahorn fällt durch einen kerzengeraden und schlanken Stamm auf. Die Äste stehen sehr dicht beieinander, sind in sich verdreht und knorrig. Sie wachsen deutlich schräg nach oben. Die Blüten des Ahorns bilden eher unauffällige gelblich-grüne Rispen; die Flügelfruchtpaare stehen in einem rechten Winkel (Bergahorn) zueinander oder bilden waagerechte Flügel (Feldahorn) und sind besonders bei Kindern beliebt – als Nasenklammern.

Doch das deutlichste Kennzeichen des Ahorns sind seine fünflappigen Blätter, die an einem Stiel sitzen. Die vorderen

drei Lappen sind dabei nahezu gleich groß, die zwei unteren um einiges kleiner. Diese charakteristischen Blätter zeigen sich im Sommer in einem matten Dunkelgrün, im Herbst werden sie beim Bergahorn goldgelb, beim Feldahorn hingegen rot mit gelben Adern.

Standort

Der kleinere Feldahorn bevorzugt nährstoffreiche Lehm- oder Mullböden in krautreichen Eichen-Hainbuchen-Wäldern und fühlt sich von der Ebene bis in etwa 900 Meter Höhe wohl.

Sein großer Verwandter, der Bergahorn, steht vor allem in Buchenmischwäldern im Gebirge und wagt sich oft fast bis zur Baumgrenze vor. In der Ebene ist der Ahorn nur selten zu finden.

Vorkommen

Überall in Europa wachsen diese beiden Ahornarten zahlreich.

Besonderheiten

Es gibt noch andere Ahornarten, von denen viele aus Nordamerika stammen, so zum Beispiel der Zuckerahorn. Das besonders gleichmäßige Erscheinungsbild seines Blattes stand Modell für das Blatt auf der kanadischen Flagge. Außerdem wird in Nordamerika aus dem Saft des Ahorns auch

Zucker gewonnen, und wie man weiß, darf der Ahornsirup bei keinem amerikanischen Pancake-Frühstück fehlen. Das Holz des Ahorns ist weiß wie Schnee. Es bleibt aber nur weiß, wenn es nach der Winterfällung sofort geschnitten wird und die Bretter auf den Kopf gestellt werden.

Die keltische Deutung

Auf sicheren Grund, auf Bequemlichkeit, auf die üblichen Rahmenbedingungen legt dieser Baum wenig Wert. Er »umarmt« manchmal sogar feindliche Lebensumstände. Für die Kelten war der meist zweistämmige Wuchs des Ahorns zudem ein Symbol für den Kampf um Identität.

Die Ahorn-Geborenen

(11. bis 20. April und 14. bis 23. Oktober)

Kurzcharakteristik: Unabhängig, kritisch, freiheitsliebend, idealistisch, sozial, hilfsbereit. Ihr Motto: Bilde dir eine eigene Meinung!

Ihre Stärken

Ahorn-Geborene wollen nicht mit dem Strom schwimmen, sondern alles Alltägliche, Gewohnte hinter sich lassen. Sie haben ein starkes Bedürfnis nach Unabhängigkeit und Freiheit, danach, ihr eigenes Leben zu führen, weswegen sie sich auch nicht in Konventionen pressen lassen. Traditionelle

Ordnungen sind Ahorn-Menschen ebenso ein Gräuel wie Zwänge und Vorurteile. Sie suchen nach Reizen, nach einem Leben ohne Einschränkungen und wünschen sich unvoreingenommenes Denken; sie wollen alles wissen und alles können. Dabei denken sie jedoch nicht an Wissen in einem wissenschaftlichen Sinn, sondern an intuitive Genialität. Sie haben eine Vorliebe für das Unkonventionelle, doch ohne ihre angeborene Lebensbejahung wäre diese extrem herausfordernde Geisteshaltung niemals lebbar.

Ihre Schwächen

Ahorn-Menschen brauchen viele Kontakte, doch ihr enormes Freiheitsbedürfnis erschwert ihnen zwischenmenschliche Nähe und Partnerschaften. In einigen Fällen kann ihr Unabhängigkeitsstreben zur Bindungsangst, ja sogar zur Beziehungsunfähigkeit führen. Ihr Anderssein findet unter anderem auch darin Ausdruck, dass sie sich zwar anpassen, aber unter gar keinen Umständen ein- oder gar unterordnen wollen – ein breites Feld für mögliche Konfliktsituationen. Hinzu kommt ihre Unberechenbarkeit, und eine innere Unruhe lässt sie wirklich geniale Ansätze selten zu Ende denken. Die damit einhergehende Ungeduld macht sie oft reizbar und unnachsichtig. Weitere Schwächen ihres unsteten, extremen Charakters: starke Nervosität und Exzentrik.

Ahorn-Geborene und die Liebe

Menschen dieses Zeichens sind ideenreich, besonders was Erotik und Sexualität anbelangt, aber oft gehen sie auch zu sorglos mit Gefühlen um. Im Grunde ihres Herzens legen sie sich nicht gern auf Dauer fest, denn da fühlen sie sich wieder zu sehr eingeengt.

Die Partnerschaft mit einem Ahorn-Geborenen ist nicht einfach, und wenn sie glücklich werden soll, braucht es einen Partner, der sie auf keinen Fall einengt. Die Beziehung darf auch nie eintönig oder eingefahren werden, sondern muss ständig neue Überraschungen bereithalten. Nur dann ist eine dauerhafte Bindung überhaupt möglich.

Körperliche Schwachstellen

Knochen, Muskeln, Sehnen, Atemwege, Stirnhöhlen, Augen, Drüsen, Seele

Heilkräuter des Ahorns

Schlehdorn, Zitronenmelisse, Rosmarin, Wermut, Fenchel

Darauf sollten Ahorn-Geborene achten

Das Entscheidende für Ahorn-Geborene ist möglichst viel Freiraum zur individuellen Entfaltung. Sie brauchen die (geistige) Auseinandersetzung mit anderen Lebensphilosophien und Kulturen und gedeihen am besten in einer toleranten, großzügigen Umgebung, in der man alles denken und vieles ausprobieren darf. Beschränkungen, Konventionen, vorgegebene Rahmenbedingungen, die sie einfach übernehmen sollen, sind Gift für sie. Freiheit ist für Ahorn-Menschen nicht nur ein Wort – sie muss fühlbar sein. In Berufen, die starres Schubladendenken verlangen, verkümmern nicht nur ihre Fähigkeiten, sondern auch sie selbst.

Das Schlimme ist, dass gerade Ahorn-Geborene gerne ein soziales »Helfer-Syndrom« entwickeln und sich dann in Lebensumstände verstricken, denen sie seelisch kaum gewachsen sind – aber sie wollen das auf keinen Fall wahrhaben. Es scheint fast, als ob sie besonders leidvolle Erfahrungen und schmerzliche Herausforderungen geradezu suchen, obwohl sie wissen müssten, dass das nicht der Sinn ihres Lebens sein kann. Denn sie sind zwar sozial veranlagt, aber in keinem Fall zum Märtyrer geboren.

Die Auseinandersetzung mit fremden Lebensweisen und die Suche nach Selbstverwirklichung sollten daher am besten auf einer abstrakten Ebene vor sich gehen. Denn nicht Beschränktheit ist es, die sie suchen, sondern wahre Größe. Der geeignetste Lebensstil für sie ist ein großzügiger. Die Selbstbeschränkung lehrt sie das Leben (leider) von allein.

Besonders junge Menschen dieses Baumzeichens muss man ihre eigenen Erfahrungen sammeln und ihren Idealismus ausleben lassen, dann entwickeln sie eine charismatische Persönlichkeit. Je mehr Möglichkeiten sie bekommen, auf geistige Herausforderungen einzugehen, desto mehr Lebensweisheit, Kreativität und positives Denken werden sie entwickeln.

Ahorn-Menschen sind die geborenen Individualisten und Optimisten. Launenhaftigkeit, negatives Denken, Unzufriedenheit sind bei ihnen ein untrügliches Zeichen dafür, dass sie in ihrem Drang nach Unabhängigkeit und Selbstverwirklichung gehemmt werden. Sie müssen dann schnell wieder zu ihrer ureigenen Natur zurückkehren, sonst können sie auf Dauer verbittert werden. Zudem dürfen sie niemals das Gefühl haben, von anderen geführt oder zu irgendetwas gedrängt zu werden.

Der Nussbaum

(Walnuss, Juglans Regia)

Botanische Charakteristik

Das Blätterwerk des Nussbaums ist so dicht, dass er wie eine geschlossene Einheit wirkt. Er ist ein ausgeprägter Schattenbaum, der unter sich nichts gedeihen lässt. Er braucht viel Sonne, reagiert empfindlich auf Kälte und wächst nie auf sandigem Boden.

Erscheinungsbild

Breit und kugelig ist die Krone dieses sommergrünen Gewächses. Der Stamm gabelt sich bereits in geringer Höhe in mehrere starke Äste, die sich mit vielen kleineren, in sich gekrümmten und gewundenen Zweigen schräg in die Höhe schwingen. Junge Bäume haben eine glatte und graue Rinde, mit zunehmendem Alter wird sie jedoch rissig, gefurcht und nimmt eine hellgraue Farbe an.

Der Nussbaum blüht schon im April und Mai. Dabei bildet er bis zehn Zentimeter lange männliche Blüten, die Kätzchen aus, die gelblich grün nach unten hängen. Die weiblichen Blüten haben gelbe Narben und stehen am Ende der jungen Triebe. Die Frucht ist bis zu fünf Zentimeter lang, kugelig und grün oder gelblich.

Die Blätter des Walnussbaums sind wechselständig, un-

paarig gefiedert und können 20 bis 40 Zentimeter lang werden. Diese Fiederblättchen fühlen sich derb und ledrig an. Zerreibt man eines davon, so entwickelt sich ein Geruch wie von Terpentin.

Standort

Der Walnussbaum ist sehr wählerisch: Er will tiefgründigen, kalkreichen Boden, der gut mit Humus durchsetzt ist. Außerdem sollte die Wasserversorgung regel- und gleichmäßig erfolgen.

Vorkommen

Der Balkan ist die eigentliche Heimat des Walnussbaums. Doch das Verbreitungsgebiet ist fast deckungsgleich mit ganz Kleinasien. Durch Reisende wurde er allerdings schon vor Jahrhunderten in andere Regionen gebracht und dort angepflanzt. Inzwischen wächst der Nussbaum als Zier- und Nutzbaum überall dort, wo mit einem wintermilden Klima gerechnet werden kann.

Besonderheiten

Botanisch gesehen ist die Walnuss gar keine Nuss. Es handelt sich vielmehr um den Kern einer Steinfrucht. Diese Kerne enthalten ein Öl, das sehr wohlschmeckend und als Speiseöl vielfach verwendbar ist. Und es gibt noch eine Merkwürdigkeit des Nussbaums: es ist das kranke, von Maserknollen durchsetzte Holz, das in der Möbelindustrie die höchsten Preise erzielt. Die Maserknollen sind Ausschwellungen des Stammes, die durch Pilze, Bakterien und andere Krankheitserreger verursacht werden.

Die keltische Deutung

Die Kelten maßen dem Nussbaum eine überdurchschnittlich lange Zeitspanne in ihrem Kalender zu. Er galt ihnen als Symbol für die Blütezeit, die Zeit vor dem alljährlichen Kräftelassen und Absterben der Natur. Der Nussbaum war ein Zeichen für die Suche nach dem Beständigen, Unvergänglichen, nach dem Ewigen.

Die Nussbaum-Geborenen

(21. bis 30. April und 24. Oktober bis 11. November)

Kurzcharakteristik: Familiär, beständig, beharrlich, sicherheitsliebend, treu, genießerisch. Ihr Motto: Ich will Geborgenheit!

Ihre Stärken

Stabile Verhältnisse sind Nussbaum-Geborenen ein Grundbedürfnis – und deshalb schaffen sie sich diese auch. Heim und Familie bedeuten ihnen den entscheidenden Rückhalt, denn nur wenn sie sicheren Boden unter den Füßen spüren, sind sie leistungsfähig und kreativ. Wenn sie vor einer Entscheidung stehen, wählen sie immer das Dauerhafte. Und haben sie sich erst einmal festgelegt, ist auch ihr Handeln von Ausdauer und unglaublicher Beharrlichkeit geprägt. Lässt man ihnen ihren Willen, sind sie gleichzeitig sanft und gutmütig.

Was Nussbaum-Menschen außerdem wichtig ist, ist materieller Besitz, der vehement gegen Bedrohungen von außen verteidigt wird, denn er befriedigt ihr ausgeprägtes Sicherheitsbedürfnis. Darüber hinaus beweisen diese Menschen viel Sinn für die schönen Seiten des Lebens, für Kultur und Genuss sowie für Erotik.

Ihre Schwächen

Weil Nussbaum-Menschen unverrückbare Grundsätze haben, wird ihnen oft Unflexibilität, mangelnde Entscheidungsfreude, Starrsinn und gelegentlich Trägheit nachgesagt. Haben sie erst einmal eine Meinung gefasst, geben sie sich tatsächlich äußerst eigensinnig und egoistisch. Neuerungen werden zuallererst einmal als Bedrohung empfunden.

Wer an den Fundamenten der Nussbaum-Geborenen rüttelt und ihre heile Welt stört, der muss sich auf aggressive Reaktionen, auf vehemente Selbstverteidigung gefasst machen. Wer ihre Gefühle verletzt, bekommt ihre Wehrhaftigkeit zu spüren. Und wer sie eifersüchtig macht, sollte auf alles gefasst sein.

Nussbaum-Geborene und die Liebe

Sie sind sehr emotional, temperamentvoll, einfühlsam, verständnisvoll und vor allem treu, und bedingungslose Treue verlangen sie auch von ihrem Partner. Es bedarf zudem unbedingt einer Grundübereinstimmung in essenziellen Fragen, einer gewissen Seelenverwandtschaft, denn Nussbaum-Menschen brauchen ein beständiges Miteinander und können Disharmonien in einer Beziehung nur schwer ertragen. Sie sind verlässliche Partner, die alles für den oder die Auserwählte(n) und die Familie tun. Und in einer Gemeinschaft, die Halt, Geborgenheit und Sicherheit gibt, werden sie zum erotischen Feuerwerk und ihre emotionale Kraft wird entfacht.

Körperliche Schwachstellen

Nacken, Nase, Schultern, Mund, Hals, Speiseröhre

Heilkräuter des Nussbaums

Waldmeister, Wurmkraut, Wollkraut, Thymian, Schafgarbe, Augentrost, Klette und Pfefferminze

Das sollten Nussbaum-Geborene beachten

Wie der Baum die Sonne, so braucht der Nussbaum-Mensch in erster Linie emotionale Wärme und einen starken Halt in einer kleinen Gemeinschaft, am besten in der Familie. Auf unsicherem Boden kann sich dieses Baumzeichen nicht entfalten. Es braucht Geborgenheit und wenigstens den Glauben, dass es das Ideal einer heilen Welt trotz aller irdischen Widrigkeiten doch noch gibt.

Ganz wichtig ist, dass Harmonie, Geborgenheit und Vertrauen im unmittelbaren Lebensumfeld dieses Menschen nicht geheuchelt, die angestrebte heile Welt also nicht gespielt ist. Denn über kurz oder lang ginge dem Nussbaum-Geborenen dann etwas ab – er spürt es intuitiv, wenn sein Fundament auf Sand gebaut ist. Gerade wenn es eine Ehe eingehen will, sollte dieses Baumzeichen deshalb wirklich ganz genau hinschauen. Denn hat es sich einmal festgelegt, dann hält es an seiner Entscheidung fest. Eine Trennung kann – bei dem unter optimalen Bedingungen psychisch eher robusten Typus – zu einem Drama, zu tiefen seelischen Verletzungen führen. Ganz generell ist das subjektive Empfinden von (großem) Leid bei diesem an sich fröhlichen Menschen ein sicheres Zeichen dafür, dass ihm in irgendeiner Form der Boden unter den Füßen weggezogen wurde. Denn geht es ihm gut, dann spürt man das auch durch und durch.

Bei Jugendlichen dieses Zeichens ist es wichtig, dass sie in einem guten Sinn behütet aufwachsen und nicht schon in jungen Jahren ihrer Illusionen beraubt werden. Die Grundlage einer jeden Form von Selbstverwirklichung muss hier Beständigkeit besonders im Gefühlsbereich sein. Nur dann kann der junge Mensch ein solides Selbstvertrauen entwickeln. Auch die materiellen Verhältnisse müssen stimmen, will der Nussbaum-Mensch glücklich sein. Schulden lasten auf seinem Gemüt wie Bleigewichte!

Wie der Baum das wintermilde Klima, so braucht der Nussbaum-Mensch zu seiner optimalen Entwicklung die Geborgenheit. Es ist geradezu ein Frevel, ihn, ist er einmal heimisch geworden, zu verpflanzen!

Die Pappel

(Espe, Populus Tremula)

Botanische Charakteristik

Pappeln sind das am schnellsten wachsende einheimische Nutzholz. Sie suchen das Licht, während sie sich breit und tief verwurzeln. Schnell erreichen die Wurzeln jedes noch so kleine, lebensnotwendige Wasserreservoir. Aber der Baum speichert die Feuchtigkeit nicht, sondern gibt sie gleich wieder ab. Von sanftem Wellenrauschen bis zum Brausen eines Wasserfalls klingen die Blätter der Espe im Wind – und machen sie so eindeutig erkennbar.

Erscheinungsbild

Die Pappel ist ein sommergrüner Baum mit einer hohen, lichten Krone und wird bis zu 30 Meter hoch. Die Äste liegen bei der weithin bekannten Pyramidenpappel eng am Stamm an und richten sich gen Himmel. Im Alter nimmt die Krone eine fast runde Form an und bildet sogar mehrere Teile aus. Die Rinde der Espe bleibt ihr Leben lang kahl und glatt, von graugrüner Farbe. Oft fühlt sie sich klebrig an. Im März und April blüht die Zitterpappel und es sprießen viele männliche Kätzchen; die weiblichen verlängern sich in der Fruchtzeit von vier auf zwölf Zentimeter.

Die Blätter der Espe haben alle eine eher runde Form,

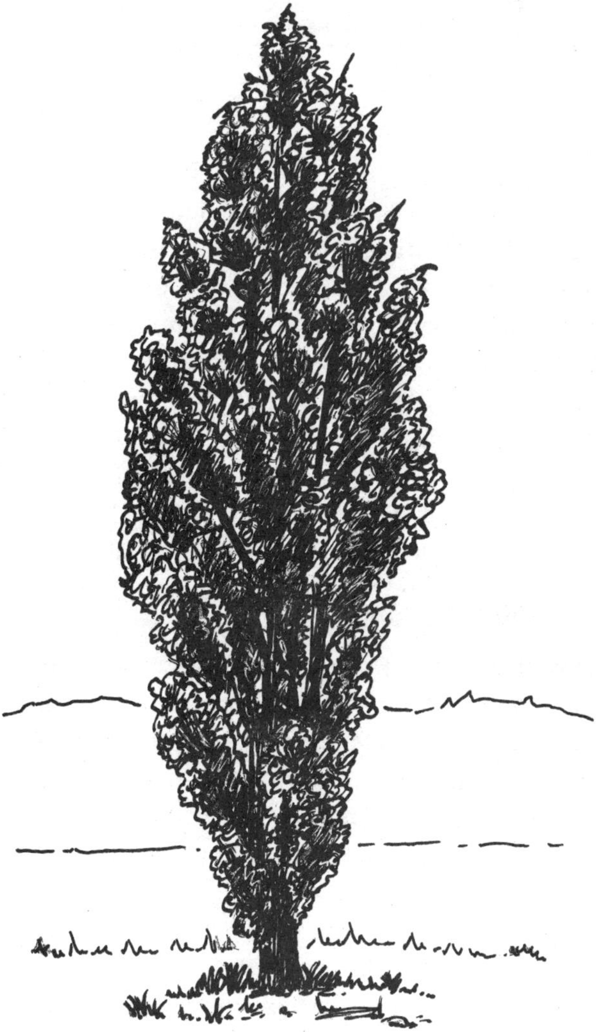

manche davon sind herzförmig und bilden eine Spitze aus; sie sind gezähnt, und ihr Farbton variiert von gräulich bis zu reinem Grün.

Standort

Pappeln gedeihen fast überall und können nahezu jeden Rohboden besiedeln. Allerdings haben sie eine besondere Vorliebe für lockere, helle und nährstoffreiche Böden. Außerdem möchte die Espe nicht im Schatten anderer stehen, das verträgt sie nicht.

Vorkommen

In Schlagfluren, an Gehölzsäumen, auf Blockhalden und in Hecken, in der Ebene wie auch im Gebirge bis auf 1000 Meter steht die Espe und ist damit in Europa die am weitesten verbreitete Pappelart. In Auenwäldern, an Flüssen und im küstennahen Pionierwald kommt in Europa hauptsächlich die Silberpappel (Populus alba) vor. Als Erosions- und Windschutzpflanzung wird in unseren Breiten vor allem die Graupappel eingesetzt (Populus canescens). Für Parks wählen Gärtner oftmals die Schwarzpappel (Populus nigra), die ansonsten vor allem an Flussläufen vorkommt.

Besonderheiten

Liegt Land brach, werden Steinbrüche offen gelassen oder Straßen oder Gleiswege gebaut, so kann man fast wetten, welcher Baum dort zuerst Wurzeln schlagen wird. Höchstwahrscheinlich wird es die Zitterpappel sein, denn sie ist ein idealer Pionierbaum. Doch sobald sich neben ihr andere Gehölze breitmachen, tritt sie in einen harten Wettbewerb ein. Sie wächst rasend schnell, um die Konkurrenten zu übertrumpfen. Dem ist sie auf Dauer allerdings nicht gewachsen – es ist sogar ihr sicherer Tod. Spätestens nach ein paar Jahrzehnten geht ihr die Luft aus.

Das Pappelholz ist für Schreinerarbeiten oder den Bau zu weich, kann jedoch anderweitig als Nutzholz eingesetzt werden. Es lässt sich leicht aushöhlen und verschafft auch dem Anfänger bald Schnitzerfolge. Zudem splittert es so gut wie gar nicht, wenn man es mit Schäl- oder Schneidemaschinen bearbeitet. So werden Streichhölzer meist aus Pappelholz gefertigt.

Die Deutung der Kelten

Die Ausgewogenheit im Geben und Nehmen der Pappel, ihr vielseitig verwertbares Holz und damit ihr hoher Nutzen, veranlasste die Kelten, diesem Baum gleich drei Jahresperioden zu widmen. Das schnelle Wachstum war ihnen ein Zeichen des Strebens nach Überwindung der Ungewissheit.

Die Pappel-Geborenen

(4. bis 8. Februar, 1. bis 14. Mai und 5. bis 13. August)

Kurzcharakteristik: Wissensdurstig, unternehmungslustig, realistisch, lernfähig, ehrgeizig. Ihr Motto: Ich suche Erkenntnis!

Ihre Stärken

Pappel-Geborene sind vielseitig interessierte, nach Sinn suchende Menschen mit einem Hang zum Intellekt, die aber auch über einen praktischen Realismus verfügen. Sie wollen den Dingen auf den Grund gehen, ihre Umwelt erforschen und begreifen. Die großen Zusammenhänge, das Sein hinter dem Schein zu erkennen ist ihnen ein Grundbedürfnis. Sie besitzen viel Tatkraft, sind geistig rege und extrem lernfähig. In der Überwindung des Zweifels sehen sie die Hauptaufgabe ihres Lebens, den Sinn des Daseins. Ehrgeiz ist ihre Triebfeder und beschert ihnen meist schnelle Erfolge.

Ihre Schwächen

Wenn es um Gefühle geht, steht den Pappel-Geborenen ihr ehrgeiziges Wesen oft im Weg, denn die Nichtkalkulierbarkeit von Emotionen verunsichert sie. Weil sie einem Ziel schnell und mit aller Macht zustreben, wird ihnen häufig auch Opportunismus vorgeworfen. Wird das Streben nach

Erkenntnis und Erfolg gar zu einem inneren Zwang, kann es passieren, dass ihre Denkmodelle zu einer oberflächlichen Plus-Minus-Schablone verkommen. Sie neigen dann zu vorschnellen Urteilen, wirken hart und unnahbar – obwohl sie damit nur ihren weichen Kern schützen wollen.

Pappel-Geborene und die Liebe

Sie können ganz schön nerven mit ihrem Misstrauen gegenüber der Gefühlswelt. Immer versuchen sie abzuwägen – und geraten deshalb in der Liebe nicht selten auf einen unberechenbaren Zickzackkurs. Deshalb brauchen sie einen Partner, der in sich ruht und selbst weiß, was er will. Pappeln sind aber im Grunde ihres Herzens treue Seelen und legen sich, wenn man sie zu nehmen weiß, gerne auf große gemeinsame Ziele fest. Gelingt es, ihnen ihre Beziehungsangst zu nehmen, werden sie plötzlich zum Fels in der Brandung: treu und loyal. Auf sie ist schließlich Verlass.

Körperliche Schwachstellen

Atemwege, Lungen, Bronchien, Haut, Seele, Bewegungsapparat

Heilkräuter der Pappel

Fenchel, Majoran, Leinkraut, Dill, Stern-, Farnkraut, Alraune, Baldrian

Was Pappel-Geborene beachten sollten

Wie der Baum das Licht sucht, strebt der Mensch dieses Baumzeichens nach Erkenntnis. Aber es ist nicht in erster Linie die philosophische Ebene, die den Pappel-Geborenen liegt, sondern eher die praktische. Sie wollen die Ungewissheit überwinden, indem sie erfolgreich sind, um eine gewisse grundlegende Ängstlichkeit zu überwinden. Zunächst einmal suchen sie das Lebensnotwendige und dann wird rasch, Schritt für Schritt, darauf aufgebaut, bis etwas Solides daraus geworden ist. Pappel-Geborene sind Macher, ihre Devise lautet: Du musst handeln – bevor es ein anderer tut.

Die Botanik liefert uns auch hier wieder einen ganz besonderen Wesenszug, der auch diese Menschen prägt: Pappeln können nicht im Schatten anderer stehen – das ertragen sie einfach nicht. Dieser Wesenszug muss kein Manko sein, wenn man sich seiner bewusst ist und sich danach richtet. Der Pappel-Mensch glaubt zudem, jedem Konkurrenzkampf durch seine enorme Flexibilität gewachsen zu sein – und seine schnellen Erfolge bestätigen ihn auch noch darin. Doch sollte er sich darüber im Klaren sein, dass er nur deshalb so erfolgreich ist, weil er an seinen Kräften Raubbau betreibt – und das rächt sich oft genug zu späterer Zeit.

Viel sicherer wäre es, sich erst einmal gedanklich an ein optimales Lebensumfeld heranzutasten und dabei einen ungesunden Wettbewerb von vornherein zu meiden. Das ist eine Vorgehensweise, die man vor allem jungen Pappel-Geborenen nicht früh genug beibringen kann. Gelegentlich muss man sie sogar energisch bremsen, will man ihnen etwas Gutes tun.

Noch einmal liefert uns die Botanik einen wichtigen Hinweis für den Charakter dieses Baumzeichens: In direkter Konkurrenz mit anderen wird die Pappel das Terrain fast immer als Sieger verlassen – zunächst jedenfalls. Denn ihr Holz, ihr Inneres ist viel zu weich für solch aufreibende Auseinandersetzungen. Ihr geht bald die Luft aus – sie hat sich durch ihr unmäßiges Streben nach schneller Größe selbst ein Bein gestellt, und die ehemaligen Verlierer sind schließlich doch die Sieger, weil sie die größere Ausdauer bewiesen haben.

Pappel-Geborene sind Erfolgsmenschen, aber sehr verletzlich. Wenn sie diese Tatsache nicht anerkennen und dementsprechend vorbeugen, bescheren sie sich selbst seelisches Leid. Merke: Es ist nicht gut, gegen die eigene Natur zu leben!

Die Kastanie

(Castanea Sativa)

Botanische Charakteristik

Es gibt zwei recht unterschiedliche Kastanienarten, nämlich die so genannte Ross- und die Edel- (oder auch Ess-)kastanie. Die Überlieferungen der Kelten deuten darauf hin, dass sie für ihren Baumkreis die Edelkastanie auserkoren haben. Auch sie schätzten bereits die Maroni.

Erscheinungsbild

Stattlich ist der Kastanienbaum, der rund 30 Meter hoch wird. Von der Kegelform entwickelt sich die Krone mit zunehmendem Alter weg, sie wird säuliger und gewölbter. Die in sich gedrehten Äste, die schon kurz über dem Boden vom dicken Stamm abgehen, sind meistens sehr kurz, dafür aber wuchtig. In ihrer Jugend ist die Kastanienrinde ganz glatt mit grauroter Färbung. Im Alter wird sie graubraun und ein Netz von tiefen Furchen und Leisten legt sich über sie.

Meist erst im Juni und Juli blüht die Esskastanie. Ihre männlichen Kätzchen sind rund 15 Zentimeter lang, die weiblichen sitzen in Zweier- bis Fünfergruppen an deren Enden. Wie leuchtend grüne Igel sehen die stacheligen jungen Früchte in ihren Hüllen aus, die später braun werden.

Beim Aufprall auf die Erde springen diese Hüllen in vier Teile und geben die begehrten Maroni frei.

Die Blätter der Esskastanie sind wechselständig, ihre Form ist länglich-oval und sie sind zackig eingeschnitten. Lederartig und derb fühlen sie sich an, glänzen auf der oberen Seite dunkel- und unten hellgrün.

Standort

Kalkhaltiges Erdreich bevorzugt die Esskastanie, um Wurzeln zu schlagen. Das tut sie am liebsten in einer Region, die milde Winter hat.

Vorkommen

Ursprünglich ist die Edelkastanie in Südeuropa, Nordafrika und Westasien daheim. Doch schon seit der Zeit des Römischen Reiches wird sie auch in Mitteleuropa überall dort angepflanzt, wo das Klima mild genug ist. In manchen Gärten und Parks kann man auch verwilderte Formen der Esskastanie entdecken.

Besonderheiten

Die Edelkastanie wächst schnell, ihr Holz ist kräftig und zäh, aber leicht zu verarbeiten, weshalb es besonders in der Möbelindustrie zum Einsatz kommt.

Feinschmecker schätzen vor allem die Maroni, die Früchte der Esskastanie, aus denen sich herrliche Gerichte zaubern lassen. Viele mögen sie aber am liebsten in gerösteter Form.

Wer es selbst probieren will, sollte die Schale vor dem Rösten einschneiden, sonst kommt es durch die Hitze zu kleinen Explosionen im Ofen.

Die keltische Deutung

Die Edelkastanie war für die Kelten das Paradebeispiel eines Baumes, den die Umwelt höchst selten gemäß seinen natürlichen Anlagen wachsen lässt. Beschneidet man eine Edelkastanie, schlägt sie nämlich ungeheuer schnell wieder aus, verliert dabei aber deutlich ihre ursprüngliche Form. Dieser Baum bemüht sich so sehr, nützlich zu sein, dass er fast zum Symbol für den Gehorsam wurde.

Die Kastanie-Geborenen

(15. bis 24. Mai und 12. bis 21. November)

Kurzcharakteristik: Konsequent, geradlinig, anpassungsfähig, geduldig, hilfsbereit, verlässlich. Ihr Motto: Ich brauche ein Ideal!

Ihre Stärken

Kastanien brauchen ein klares Verhaltensmuster, an dem sie ihr Leben ausrichten können. Sie sind unermüdlich in dem Bestreben nützlich zu sein und damit ein Gewinn für jede Gemeinschaft. Spannungen und Anfeindungen begegnen sie mit gekonnter Anpassung, schaffen es dabei aber stets, auch das eigene Wohl im Auge zu behalten. Es geht ihnen um ein Leben, das für alle Sinn macht, nicht um bloßes Überleben.

Haben sie erst einmal ihr gültiges Ideal gefunden, handeln sie konsequent und verantwortungsbewusst. Dabei beweisen sie außergewöhnlich viel Tatkraft und ordnen dem ihr ganzes Leben unter. Altes und Überholtes muss auf diesem Weg Verbesserungen weichen.

Ihre Schwächen

Kastanie-Geborene sind manchmal zu radikal, wenn sie versuchen alles, auch die Gefühle, einem einmal gesteckten Ideal unterzuordnen. Ihr größtes Problem sind zuweilen ihre »Scheuklappen«. Das bedingungslose Unterordnen unter ein Ziel, das oft nicht einmal ihr eigenes ist, kritisieren manche auch als puren Gehorsam.

Zudem üben sie durch ihre absolute Überzeugung von einer Sache häufig Druck auf sich selbst und andere aus. Sie scheuen sich vor keiner Auseinandersetzung, und wenn es ihnen um ein hehres Ziel geht, suchen sie diese manchmal regelrecht und können dabei sehr bedingungslos und intolerant werden.

Kastanie-Geborene und die Liebe

Es muss schon mehr sein als Sympathie oder vordergründige Erotik. Was Kastanie-Menschen brauchen, ist Verständnis, gefühlsmäßiger Gleichklang und ein gemeinsamer Nenner. Haben sie aber ihre Wahl getroffen, sind sie der Typ zum Pferdestehlen. Und haben sie sich einmal festgelegt, gehen sie auch aus sich heraus, entpuppen sich sogar als leidenschaftliche Liebeskünstler. Doch Kastanie-Geborene behalten immer ihre sehr gerade Linie bei – was von Partnern sehr viel Verständnis und Toleranz erfordert.

Körperliche Schwachstellen

Seele, Gefäße, Lymphe, Rücken, Stoffwechsel, Kreislauf und Geschlechtsorgane

Heilkräuter der Kastanie

Johanniskraut, Nieswurz, Wurmkraut, Senf, Rotholz, Kapernkraut, Koreander, Benediktenkraut, Eisenkraut, Wermut und Aloe

Was Kastanie-Geborene beachten sollten

Wie kein anderes Baumzeichen übernimmt die Kastanie gern nützliche Dienste für die Gemeinschaft. Gibt es einen gemeinsamen Nenner, gedeiht dieser Mensch prächtig. Doch auch wenn die Lebensumstände nicht so ideal sind, ist dieses Baumzeichen kaum unterzukriegen; es überlebt auch Notsituationen, überdauert selbst längere Durststrecken. Nur eines ist unabdingbare Grundvoraussetzung für sein Wohlbefinden: Dieser Mensch muss wissen, warum er das alles macht. Er ist kein Überlebenskünstler aus Selbstzweck, er braucht eine Idee, die er akzeptieren und an die er sich halten kann. Gerade bei jungen Kastanie-Geborenen ist es deshalb wichtig, darauf zu achten, dass sie in ihrer Wahrheitssuche nicht an falsche Führer oder Sektierer geraten. Denn die bereits erwähnte Fähigkeit zum Gehorsam, das kritiklose Unterordnen der eigenen Interessen unter ein vorgegebenes größeres Ganzes ist nicht immer eine nützliche Tugend. Sie kann auch Leid über den Kastanie-Geborenen und sein näheres Umfeld bringen. Man sollte ihn daher so früh wie möglich zu mehr Kritik und Selbstbestimmung anhalten – oder ihm helfen, ein wirklich sinnvolles Ideal zu finden.

Bei aller angebrachter Skepsis darf man aber das wahrhaft Menschliche und Edle an diesem Baumzeichen nicht verkennen: Sehr wohl fühlt es sich nämlich, wenn es Gutes für andere tun kann und das ist ja leider selten geworden heutzutage. Kastanie-Geborene sollten nur aufpassen, dass ihre Gutmütigkeit nicht ausgenutzt wird.

Die Esche

(Fraxinus Excelsior)

Botanische Charakteristik

Die Esche ist der Baum unter den Laubgehölzen, der am höchsten wächst. Sie gedeiht jedoch nicht sehr gut im zu engen Verbund mit anderen Artgenossen.

Erscheinungsbild

Höher wird kein Laubbaum in unseren Regionen: Bis zu 40 Meter groß und auffallend schön präsentieren sich ausgewachsene Eschen. Ihre Kronen sind in jungen Jahren sehr licht, wodurch man leicht die Äste verfolgen kann, die steil nach oben wachsen. Mit zunehmendem Alter legt die Krone an Umfang zu, wölbt sich nach oben und macht schließlich einen unregelmäßigen Eindruck. Die gerade abstehenden Äste beginnen schon am unteren Teil des Stammes, der in der Regel sehr gerade wächst, sich zu verzweigen.

Die Rinde der Esche ist anfangs sehr glatt, später durchziehen sie Furchen und Risse der Länge nach. Die Blütezeit der Esche ist im April, die Blüten sehen jedoch recht unscheinbar aus. Die gegenständigen Knospen sind dick, zugespitzt und tiefschwarz. Außer diesen Hauptknospen werden auch noch Nebenknospen ausgebildet – für schlechte

Zeiten. Diese treiben dann aus, wenn später Frost die ersten jungen Blätter geschädigt haben sollte. Voll entfaltete Blätter sind gegenständig und unpaarig gefiedert und rund 25 Zentimeter lang. Die Fiederblättchen können als oval, vorne spitz und gezähnt beschrieben werden. Eschenblätter sind oben mattgrün, auf der Unterseite heller.

Die geflügelten Früchte der Esche sind etwa drei Zentimeter lang und vorne zugespitzt; mit zunehmender Reife bekommen sie eine immer tiefere braune Farbe.

Standort

Die Esche findet man in verwachsenen und krautreichen Auen- und Schluchtwäldern. Sie sucht sich sickerfrische, nährstoffreiche Böden.

Vorkommen

Die Esche wächst in ganz Europa und wird oft als Zierbaum in Parks angepflanzt.

Besonderheiten

Das elastische Holz der Esche wird für das Turngerät Barren verwendet. In den Anfängen des Wintersports diente es auch zur Herstellung von Skiern.

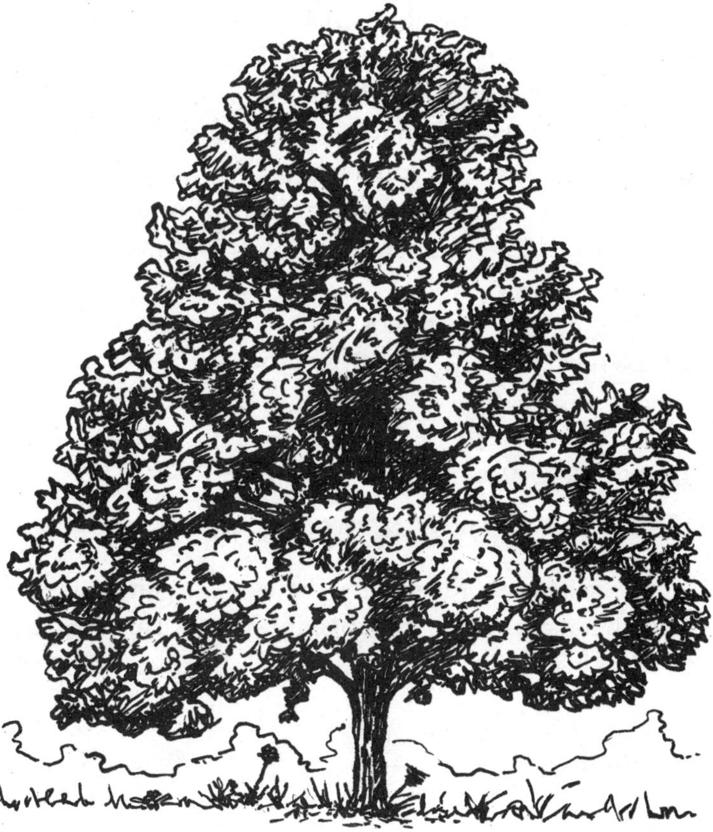

Die keltische Deutung

Die Kelten fertigten aus Eschenholz ihre Waffen, deshalb findet man diesen Baum auch sehr häufig in der Nähe ihrer Festungen. Aber Rinde und Blätter waren auch in der keltischen Naturheilkunde unentbehrlich (beispielsweise gegen Fieber, Wundbrand, Rheuma oder Gicht).

Die Druiden bedienten sich des Eschenholzes, um Regen zu machen oder die zerstörerische Kraft des Wassers zu bannen.

Die Esche war ein Symbol dafür, die persönliche Freiheit zu finden, zu verteidigen und zu erhalten.

Die Esche-Geborenen

(25. Mai bis 3. Juni und 22. November bis 1. Dezember)

Kurzcharakteristik: Ideenreich, beweglich, freiheitsliebend, aufgeschlossen, tolerant, sozial. Ihr Motto: Nur kein Stillstand!

Ihre Stärken

Esche-Geborene sind fantasievolle und für alle Schattierungen des Lebens offene Menschen. Ihr Verhalten ist gekennzeichnet von der (intellektuellen) Suche nach größtmöglicher Entfaltung der Persönlichkeit, und dazu brauchen sie sehr viel Freiheit. Anderen gegenüber bringen sie größtmögliche Toleranz auf. Sie sind begeisterungsfähig und sehr ausdauernd und verfügen ganz natürlich über eine positive Denkweise, während sie versuchen, das Leben mit Sinn zu erfüllen. Esche-Geborene hassen Ungerechtigkeiten, woraus ein ausgeprägter Wohltätigkeitssinn resultiert. Diese Menschen sind ständig auf (gedanklichen) Reisen und streben dabei nach immer höherer Entwicklung und Bildung.

Ihre Schwächen

Wenn sie nicht genügend Freiraum haben oder jemand versucht sie zu manipulieren oder zu bevormunden, dann werden Esche-Geborene zu wutschnaubenden Kämpfern und nehmen dann auch keine Rücksicht mehr. Es kann schließlich zu harten Auseinandersetzungen kommen, bei denen sie keinen Millimeter nachgeben. Ungezügelte Aggressionen sind ein großes Problem des Esche-Geborenen. Sein zweites ist der fast zwanghafte Drang nach Veränderung, nach Bewegung und Entwicklung. Der Wunsch nach Neuem kann zum Selbstzweck werden und somit auch zur Oberflächlichkeit führen. Verliert der Esche-Geborene sein konkretes Ziel aus den Augen, kann es zu extrem widersprüchlichen Handlungen kommen.

Esche-Geborene und die Liebe

Sie suchen einen geistreichen Partner, einen Mitdenker und Seelenverwandten. Esche-Menschen brauchen Zweisamkeit und Bewunderung, aber vor allem jemanden, der nicht klammert, sondern immer wieder loslassen kann. Dann bringen sie sehr stark sich selbst und prickelnde Sexualität in eine Beziehung ein. Sie sind starke, ruhelose Liebende, die nicht gebremst, sondern unterstützt werden wollen. Auf Partner, die sie erziehen möchten, reagieren sie äußerst giftig.

Körperliche Schwachstellen

Beine, Arme, Rücken, Kreislauf, Nerven

Heilkräuter der Esche

Arnika, Zinnkraut, Salbei, Kerbelkraut, Eibisch, Enzian, Tausendgüldenkraut, Ginseng

Das sollten Esche-Geborene beachten

Nichts verträgt die Esche weniger, als wenn sie durch äußere Zwänge zu einer zu engen Verbindung mit anderen gezwungen wird. Da helfen dann auch ansonsten optimale Lebensbedingungen nicht weiter. Dieses Baumzeichen ist zwar kein ausgesprochener Einzelgänger, braucht aber einen eigenen, klar umgrenzten Lebensbereich, der nur ihm gehört und in dem es nach eigenem Gutdünken schalten und walten können will.

Im selben Maß, wie sich diese Menschen eine Umgebung schaffen, in der sie atmen können, versuchen sie auch eine schillernde, beachtenswerte Persönlichkeit zu entwickeln. Dabei legen sie eine klare, soziale Haltung an den Tag. Wenn die Esche-Persönlichkeit nicht durch aggressives oder zu raumgreifendes Verhalten anderer dazu gezwungen wird, schränkt sie Mitmenschen kaum ein und ist deshalb für ausgleichende Führungsrollen prädestiniert. Selbstständigkeit ist für sie das Beste, als Untergebene eignet sie sich nur in den allerseltensten Fällen.

Die Esche ist eines der stabilsten Baumzeichen, vor allem was die seelische Belastbarkeit anbelangt. Sie lechzt geradezu nach immer neuen Herausforderungen, nach Abwechslung und allem, was sie aus dem Alltagstrott befreit. Fehlen diese äußeren Anreize, kann eine gewisse Kritiksucht die unangenehme Folge sein.

Ein Heim für immer und ewig ist für Esche-Geborene nur schwer und nur in ganz besonderen Ausnahmefällen vorstellbar und auch nur dann, wenn dieses so großzügig bemessen ist, dass sie darin nicht an ihre (geistigen) Grenzen stoßen.

Was sie dagegen sehr schätzen, sind Umstände, die ihre geistige Freiheit sichern. Sie schaffen sich daher psychische, physische und finanzielle Reserven für eventuelle Notzeiten, um sich auf keinen Fall durch eine plötzliche Veränderung aus dem idealistischen Konzept bringen zu lassen. Nimmt man Esche-Menschen diese Reserven, entzieht man ihnen eine existenzielle Lebensgrundlage.

Die Hagebuche

(Carpinus Betulus)

Botanische Charakteristik

Das Holz der Hagebuche (»Eisenholz«) ist das härteste europäische Nutzholz. Die Hagebuche ist kein besonders auffälliger Baum und sie stellt auch keine großen Ansprüche. Es kommt sogar vor, dass die Hagebuche aus einem jahrhundertealten Baumstumpf wieder neu ausschlägt.

Erscheinungsbild

Die Hagebuche gehört zu den wichtigen Laubbäumen, und im Freistand fällt ihre schöne, etwas unregelmäßige Krone auf. Die als Hainbuche bekanntere Pflanze kann bis zu 20 Meter hoch werden; nur in seltenen Fällen ist der Stamm dieses Baumes im Querschnitt kreisrund, meist zeigt er sich oval und verdreht sich von Jahr zu Jahr ein Stückchen mehr. Schon in geringer Höhe teilen sich aufrecht wachsende Äste ab, die sehr stark und geschwungen sind. Die Rinde der Hagebuche ist in jedem Lebensabschnitt grau – mal heller, mal dunkler. Allerdings prägt sich in die glatte Oberfläche mit den Jahren immer mehr ein Netzmuster ein.

Die bis zu zehn Zentimeter langen Blätter sind eiförmig, mit einer deutlich ausgeprägten Spitze, scharf doppelt ge-

zähnt und glänzen in frischem oder dunklem Grün. Im Herbst nehmen sie einen kräftig gelben Farbton an, der manchmal auch in einen hellen Braunton übergeht.

Die Blütezeit der Hagebuche liegt entsprechend der jeweiligen Wetterverhältnisse im Zeitraum zwischen April und Mai. Dabei gibt es bis zu fünf Zentimeter lange männliche Kätzchen; die weiblichen Blüten schließen zur Fruchtzeit in bleichgrünen Blättern kleine Nüsse ein.

Standort

Von der Ebene bis in 1300 Meter Höhe wächst die Hagebuche ohne Probleme. Meist ist sie in krautreichen Laubwäldern anzutreffen. Dieser Waldbaum mag nährstoff- und humusreiche Böden.

Vorkommen

Das Verbreitungsgebiet der Hagebuche ist enorm groß. Es erstreckt sich von Nordspanien bis Südskandinavien, vom Atlantik im Westen bis zur Türkei im Osten. Oft wird sie in Hecken gepflanzt.

Besonderheiten

Als Heckenpflanze dient die Hagebuche auch im Winter als Sichtschutz, denn in aller Regel bleiben die Blätter bis zum Frühjahr hängen. Die Samen der Hagebuche können dann bis zu einem Kilometer weit fliegen.

Das harte Holz dieses Baumes wurde bevorzugt für Nockenwellen, Kamm- und Zahnräder in Mühlen verwendet. Noch heute entstehen Schäfte aus dem Hainbuchenholz.

Die keltische Deutung

Bereits den Kelten diente die Hagebuche über Jahrtausende hinweg als unübertreffliche Heckenpflanze. Eng aneinander gepflanzt ersetzte sie ihnen manchmal sogar Festungsmauern – so hart ist ihr Holz.

Und wie im Niederbaierischen, wo der Begriff des »Hagebuchenen« für einen besonders bodenständigen und widerstandsfähigen Naturmenschen gebraucht wird, sahen auch die Kelten in der Hagebuche ein Symbol für Zuverlässigkeit, Disziplin und Härte in einem positiven Sinne.

Die Hagebuche-Geborenen

(4. bis 13. Juni und 2. bis 11. Dezember)

Kurzcharakteristik: Diszipliniert, widerstandsfähig, energisch, gerecht, fleißig, zuverlässig. Ihr Motto: Mich wirft nichts um!

Ihre Stärken

Menschen, die im Zeichen der Hagebuche geboren wurden, sind pragmatische Realisten und streben nach einer verlässlichen, natürlichen Ordnung. Bei allen naturverbundenen

Völkern symbolisiert die Hagebuche Standfestigkeit, Pflichtbewusstsein, Selbstdisziplin, Fleiß und enorme Leistungen. Die Hagebuche-Geborenen legen sich ganz klar fest, setzen sich hohe, aber erreichbare Ziele und handeln lieber statt zu reden. Ein Grundkonsens, eine von allen Mitgliedern akzeptierte Basis einer Gemeinschaft – fast immer nach dem Vorbild der Natur – ist für sie lebensnotwendig. Ist dieser gemeinsame Nenner gefunden, trotzen sie mit enormer Kraft allen Schwierigkeiten.

Ihre Schwächen

Hagebuche-Geborene verlangen die Unterordnung des Individuums unter die Naturgegebenheiten mit gleicher Härte von anderen wie von sich selbst. Überschäumende Lebenslust, den puren Spaß an der Freud können sie nur schwer nachvollziehen. Mit Liebe und vor allem mit Leidenschaft und ungezügelter Erotik tun sie sich ebenfalls hart. Übertreiben sie ihre nüchterne Linie, können sie engstirnig, mürrisch, launisch und unerbittlich werden. Gegen mangelnde Disziplin und Unzuverlässigkeit gehen Hagebuche-Menschen mit unnachgiebiger Strenge vor. Und Vorsicht: Greift man sie oder ihre Maßstäbe an, reagieren sie prompt und äußerst wehrhaft. Mit dieser Grundhaltung kommt es auch öfters vor, dass sich diese Menschen schlicht überfordern.

Hagebuche-Geborene und die Liebe

Die Liebe ist für diese Menschen eine natürliche Sache – nur nichts zerreden, nichts fordern, sonst wehrt sich dieser in allen existenziellen Fragen sehr eigensinnige, ja dickköpfige Mensch mit großer Wahrscheinlichkeit. Natur und Sexualität sind keine Gegensätze!

Im Grunde haben Hagebuchen nichts anderes als das Wohl der Gemeinschaft oder Partnerschaft im Sinn. Sie können sehr liebevoll und beschützend sein, brauchen aber Partner mit viel diplomatischem Geschick, einem gutmütigen Wesen und einem möglichst unendlich langen Atem. Denn sonst werden diese von der natürlichen Dominanz der Hagebuche über kurz oder lang einfach erdrückt.

Körperliche Schwachstellen

Stirnhöhlen, Nacken, Gefäße, Knochen, Magen, Muskeln, Knie

Heilkräuter der Hagebuche

Kresse, Kamille, Melisse, Johanniskraut, Holunder, Leinsaat, Bilsenkraut, Wegerich, Springkraut, Raute

Das sollten Hagebuche-Geborene beachten

Die natürliche Härte dieses Baumzeichens darf nicht mit Gefühlsarmut verwechselt werden. Der Spitzname »Eisenholz« steht vielmehr für unglaubliche Widerstandskraft, für (auch seelische) Robustheit und für eine nicht zu unterschätzende Kampfbereitschaft.

Baum und Mensch dieses Zeichens begnügen sich wie kein anderes mit den Gegebenheiten, die sie vorfinden. Bloßes Anspruchsdenken ist ihnen fremd, und sie lassen sich nicht so leicht unterkriegen. Schwierigkeiten und Rückschläge sind noch lange kein Grund zu verzagen, wenn es dahinter einen Sinn, eine Ordnung gibt – oder eine Familie, für die sie da sein und der sie Halt geben können. Auf diese Menschen ist gerade auch in schlechten Zeiten absolut Verlass. Die Kapitulation kennen sie praktisch nicht.

Es kommt tatsächlich selten vor, dass dieses Baumzeichen etwas aus der Bahn wirft – zu groß ist die physische und psychische Widerstandskraft.

Wenn der Hagebuche-Geborene aber tatsächlich leidet, dann hat es immer mit dem Mangel an Natürlichkeit in seiner Umgebung zu tun. Die modernen Errungenschaften und Annehmlichkeiten sind ihnen beispielsweise ein Gräuel, und da die Natur leider immer mehr zurückgedrängt wird, gerät gerade dieses Baumzeichen immer öfter in einen existenziellen Konflikt. Ein Leben ohne Bezug zu der in unseren Genen verwurzelten Natürlichkeit kann er auf Dauer nicht ertragen.

Der Feigenbaum

(Ficus Carica)

Botanische Charakteristik

Der Feigenbaum gehört von Natur aus in die Mittelmeergegend. Nördlich der Alpen ist es dieser Pflanze nur in wärmeren Regionen gelungen, den Winter mit Schnee und kalten Temperaturen mehr recht als schlecht zu überstehen. Damit ist der Feigenbaum die einzige tropische Pflanze, die es geschafft hat, ein gewisses Maß an Winterfestigkeit zu entwickeln.

Erscheinungsbild

Sommergrün und Laub werfend ist dieser Baum – manchmal auch nur Strauch –, der gerade mal um die acht Meter hoch wird. Dafür ist die Krone des Feigenbaums sehr ausladend und unregelmäßig ausgebildet. Der Stamm ist meist in sich verdreht und krumm, allerdings sieht man nicht viel von ihm. Denn schon ganz knapp über dem Boden zweigen wuchtig die gebogenen Äste ab. Die Rinde bleibt bis ans Lebensende dieses Baumes glatt und netzartig gemustert.

Die Blütezeit erstreckt sich von März bis Juli. Die Blüten sehen dabei aus wie grüne Birnen, sind jedoch sehr klein und unscheinbar. Über eine schmale Öffnung haben Insekten Zugang für die Bestäubung. Dabei kann sich die Feige auch ohne Bestäubung entwickeln: Sie reift nach zwei Jahren zu einer Scheinfrucht heran, die von grün über auberginefarben bis schwarzlila sein kann und sehr wohlschmeckend ist.

Auch wenn Baum und Blüten eher klein bleiben, sind die Blätter im Verhältnis sehr groß. Bis zu dreißig Zentimeter lang und breit werden sie, als handförmig kann man sie mit ihren drei bis fünf Lappen bezeichnen. Sie sind zudem fest und zäh wie Leder, das nass wurde und wieder getrocknet ist. Oben sind die Blätter eher stumpf, dunkelgrün und rau, die untere Seite ist deutlich heller, und die Blattnerven treten weißlich hervor.

Standort/Vorkommen

Die Heimat des Feigenbaums ist Südwestasien, möglicherweise auch Südspanien oder der Balkan. So genau kann das nicht mehr festgestellt werden, da der Baum seit der Antike im gesamten Mittelmeerraum angepflanzt wird. Deswegen gibt es auch wilde Feigen. In Breiten mit sehr milden Wintern gedeiht der Feigenbaum auch fernab seines eigentlichen Verbreitungsgebietes, und so findet man das Gewächs häufig auch in Südengland und auf den dänischen Ostsee-Inseln.

Besonderheiten

Es ist richtig spannend, sich mit der Blütenbiologie und Fruchtbildung des Feigenbaums zu beschäftigen, denn die-

ses Gehölz hat verschiedene Formen hervorgebracht, die sich in ihrer Entwicklung stark unterscheiden. So gibt es die Holzfeige, die nicht im Stande ist, genießbare Früchte hervorzubringen. Allerdings bildet sie die Pollen aus, die für die Bestäubung des Feigenbaums notwendig sind. Sie werden von einer so genannten Gallwespe zu den weiblichen Blüten des Hausfeigenbaums gebracht. In Feigenplantagen stehen daher auch immer ein paar Exemplare der Holzfeige. Gegen Ende des 19. Jahrhunderts wurden Holzfeigen mitsamt Gallwespen sogar von Algerien nach Kalifornien exportiert, um dort den Feigengenuss zu sichern.

Die keltische Deutung

Die Kelten brachten die Samen dieses Baumes mit, weil sie seine Fruchtbarkeit und seine süßen Früchte schätzten. Er ist somit ein Zeichen für den Sinn für das Schöne und Süße, aber auch für Weltoffenheit. Der Feigenbaum demonstrierte den Kelten, wie empfindlich Feinfühlige und Sensible auf härtere Lebensumstände, Kälte und wenig Licht reagieren.

Die Feigenbaum-Geborenen

(14. bis 23. Juni und 12. bis 21. Dezember)

Kurzcharakteristik: Feinfühlig, liebevoll, sinnlich, fantasievoll, künstlerisch, intuitiv. Ihr Motto: Ich fühle!

Ihre Stärken

Ihre ausgeprägte Fantasie eröffnet Feigenbaum-Geborenen außergewöhnliche, kreative Schaffenskraft. Wegen ihrer großen Empfindsamkeit und der charakteristischen Sensibilität sind sie wie kein anderes Baumzeichen in der Lage, intuitiv Veränderungen vor allem im emotionalen Bereich bis ins kleinste Detail wahrzunehmen.

Sie spüren sich verändernde Stimmungen und sind die geborenen »Frühwarner«. Dabei sind sie stets bereit zu geben, was sie sich selbst ersehnen: Wärme, Geborgenheit, kulturelle und sinnliche Genüsse. Sie müssen sich mit dem eigenen Handeln identifizieren können, dann kommen auch ihre großen künstlerischen Talente zum Tragen. Und: Feigenbaum-Geborene sind wahre erotische Verführer.

Ihre Schwächen

Ihr zarter, verletzlicher Charakter bringt Feigenbaum-Geborene oft in emotionale Schwierigkeiten. Durch ihren seelischen Tiefgang sind sie zu Enthusiasmus, tiefer Liebe, aber auch zu großem Leid fähig. Da ihre Stimmungsschwankungen groß sind, werden sie oft als labil bezeichnet, doch häufig versuchen sie ihre Verletzlichkeit nach außen hin durch eine harte Schale zu schützen und verhindern damit Partnerschaft.

Feigenbaum-Geborene und die Liebe

Menschen dieses Baumzeichens brauchen einen Partner, der mit ihnen durch dick und dünn geht, der ihre Wünsche und Sehnsüchte teilt, tiefe Gefühle zeigt und auch leben kann, aber nicht so leicht verletzbar ist wie sie selbst. Sind diese Bedingungen erfüllt, dann erweisen sich Feigenbaum-Geborene als sexuelle Offenbarung. Beim Gleichklang der Seelen, bei Übereinstimmung im Denken und Fühlen werden sie zu einem ideenreichen, intensiven Kraftwerk der Liebe.

Körperliche Schwachstellen

Magen, Brust, Haut, Nerven, Seele

Heilkräuter des Feigenbaums

Kümmel, Kresse, Baldrian, Melisse, Gnadenkraut, Johanniskraut, Lattich

Darauf sollten Feigenbaum-Geborene achten

Wie der Feigenbaum kein hartes, kaltes Klima verträgt, so kann der Mensch dieses Baumzeichens in einer gefühlskalten und feindlich gesinnten Umwelt nicht überleben. Auch braucht er viel Licht und Sonne, damit seine Lebensfunktionen ständig angeregt werden und er nicht schwermütig wird.

Schon bei jungen Menschen dieses Baumzeichens sollte man auf Anzeichen depressiver Verstimmungen achten, denn dafür sind Feigenbäume besonders anfällig. Und hat sich erst einmal ein negatives emotionales Verhaltensmuster ausgebildet, kann dieser Mensch in einen Teufelskreis des Leidens geraten, aus dem er allein meist nur schwer wieder herausfindet.

Besonderes Augenmerk sollten Feigenbaum-Menschen auf ein liebevolles, Schutz bietendes Zuhause legen, in das sie sich bei Bedarf zurückziehen können. Genauso wichtig ist die Möglichkeit, sich in ruhiger, schöner Natur zu erholen und zu entspannen.

Als Stärkung gegen seelische Verletzlichkeit sollten diese Menschen regelmäßig Sport treiben und sich in ihrer Freizeit durch Kunst- und Kulturgenüsse geistig fordern. Grüblerische und zweiflerische Haltungen, die fast immer auf emotionale Defizite hindeuten, kommen so erst gar nicht auf.

Entscheidend für dieses Baumzeichen ist auch die Berufswahl. Was sie nicht mögen, sind starre Hierarchien und stumpfsinnige, monotone Tätigkeiten. Darunter können sie genauso leiden wie unter einem Vorgesetzten, der willkürlich Befehle austeilt oder sie unter Druck setzt. Mit Vorschriften erreicht man bei Feigenbaum-Persönlichkeiten gar nichts oder sogar offene Verweigerung oder aggressive Reaktionen. Wer von ihren unbestreitbaren kreativen Fähigkeiten profitieren will, muss ihnen Freiräume gewähren, die unkonventionelles Handeln ermöglichen.

Die Birke

(Betula Pendula)

Botanische Charakteristik

Die Birke ist der Laubbaum, der auch die härtesten Winter ohne Schaden übersteht – vorausgesetzt, sie bekommt genug Licht. Dann ist sie unglaublich widerstandsfähig. Ihre Rinde ist luftgepolstert und garantiert wasserdicht. Indianer benutzten sie an Stelle von Leder, um ihre Kanus zu bespannen.

Erscheinungsbild

Bis zu 20 Meter hoch wird die Birke, die zunächst einmal schmal und später rundlicher anmutet. Ihr Stamm kann gerade, gekrümmt oder geneigt sein. Von ihm gehen relativ kurze Äste ab, an denen dagegen sehr lange Zweige wachsen. So scheint es bei älteren Bäumen im Sommer, als ob grüne Schleier von den Ästen herabhingen. Charakteristisch für die Birke jedoch ist ihre Rinde. Von anfänglich rosa schimmerndem Weiß färbt sie sich allmählich silbrig-weiß und ist von dunklen Querbinden durchzogen.

Die Blütezeit der Birke – für Allergiker oft schlimme Wochen – liegt in der Zeit von März bis Mai. Dann bilden sich bis zu sechs Zentimeter lange männliche Kätzchen aus, die zunächst bräunlich, später gelblich sind. Erst grün, dann

braun schauen hingegen die weiblichen Blüten aus. Die rundlichen Blätter sitzen an einem langen Stiel, sind kahl und leicht. Ihre Farbe ist im Frühjahr von einem frischen Grün, im Sommer etwas dunkler.

Standort

Die Birke stellt keine großen Ansprüche, da sie zu den Pionierarten gehört. Sie verwurzelt sich meist auf lockeren, lichten Rohböden und kann eins nicht leiden: im Schatten anderer zu stehen.

Vorkommen

Überall in Europa ist der Baum mit der weißen Rinde verbreitet. Besonders oft kommt die Birke in Sandfluren, an Waldrändern oder zwischen Feldgehölzen vor.

In wärmeren Gefilden wie Südeuropa wächst sie nur in den höheren Gebirgslagen.

Besonderheiten

Der Grund für die weite Verbreitung der Weiß-, Hänge-, Warzen- oder Sandbirke (so die häufigsten Arten) in Europa ist die Genügsamkeit dieses Baumes gepaart mit den Unmengen an Samen, die von den weiblichen Kätzchen produziert und nach dem Aufbrechen verstreut werden.

Etwas ganz Besonderes ist die weiße Rinde. Durch Reflexion der Sonnenstrahlung bewahrt sie die Pflanze vor dem

Austrocknen, weswegen die Birke auch bei viel Sonne und wenig Regen überleben kann.

Erstaunlich ist zudem, dass das Holz der Birke auch brennt, wenn es nass ist. Doch zum Verfeuern ist es eigentlich viel zu schade. Häufiger wird es daher zum Beispiel in Modelltischlereien eingesetzt.

In den Blättern der Birke verbergen sich wertvolle Inhaltsstoffe, die in der Homöopathie und auch in alten Hausrezepten als Heilmittel zum Einsatz kommen.

Die keltische Deutung

Für die Kelten war die Birke der Lichtbaum schlechthin, der Baum der Bescheidenheit und des Wissens um das Wesentliche. Deshalb weihten sie ihm den 24. Juni – den dritten Tag nach der Sommersonnenwende (so wie die Christen Weihnachten, den dritten Tag nach der Sonnenwende im Winter, zu einem ihrer höchsten Feiertage auswählten).

Die Birke-Geborenen

(24. Juni)

Kurzcharakteristik: Weise, genügsam, gründlich, charmant, positiv, gewinnend. Ihr Motto: Das schaffe ich schon!

Ihre Stärken

Birken wissen intuitiv, wo es langgeht – und haben einen unerschütterlichen Glauben an das Gute und an eine Gemeinschaft, die nicht einengt, sondern Freiheiten und Pflichten ausbalanciert. Sie sind hilfsbereit und widmen sich gern schwierigen Aufgaben. Sie mildern Extreme, indem sie nach einem praktikablen Mittelweg suchen. Birke-Geborene leisten viel, übernehmen auch gern Verantwortung – stehen aber ungern im Schatten anderer. Sie sind selbstbewusst, aber bescheiden, arbeitsam und diszipliniert und besitzen einen natürlichen Charme. Schwierigkeiten werfen sie nicht so leicht aus der Bahn. Sie lösen (fast) alle Probleme und sehen immer das Licht am Ende des Tunnels.

Ihre Schwächen

In der Liebe ist Birke-Menschen ihr Hang zu Kompromissen oft eine Last. Auf Leidenschaft reagieren sie unsicher. Instinktiv sträuben sie sich gegen alle Gefühle, die sie nicht beherrschen können. Aus ihrer natürlichen Lebensfreude kann Melancholie werden, wenn sie keine Anerkennung finden. Wird ihre Weisheit nicht akzeptiert, neigen sie zum Nörgeln und Belehren, mindestens aber zu besserwisserischen Sticheleien.

Birke-Geborene und die Liebe

Was sie einmal erobert haben, wollen sie auch behalten und können deshalb sehr zäh auch an aussichtslosen Partnerschaften festhalten. Birke-Geborene sind häuslich, sie lieben die kleine heimelige Beziehung. Tiefe Zuneigung, Zusammenhalt und Treue sind ihnen lieber als glühende Leidenschaft, die sie nur schwer einordnen können. Sie brauchen häufig jemanden, der ihnen klarmacht, wie schön Erotik ist – und worauf es dabei ankommt.

Körperliche Schwachstellen

Kreislauf, Knochenbau, Haut, Schultern, Knie

Heilkräuter der Birke

Schlehdorn, Fenchel, Zitronenmelisse, Rosmarin, Wermut, Kamille, Arnika, Kresse

Worauf Birke-Geborene achten sollten

Das Wichtigste für Menschen dieses Baumzeichens ist viel Licht, eine helle, fröhliche und positive Umgebung. Sie können und wollen nicht im Hintergrund existieren, sondern ihr Wissen und ihre Fähigkeiten sowie ihr sympathisches Erscheinungsbild immer wieder unter Beweis stellen.

Die Besonderheit dieses Baumes ist seine wasserdichte Rinde, die des Menschen seine Widerstandsfähigkeit gegen düstere Anfechtungen der Seele. Eine Birke klagt nicht, sie widersteht und setzt sich durch. Was die äußeren Gegebenheiten anbelangt, sind diese Menschen äußerst genügsam, ja, zu ihren erstaunlichsten Fähigkeiten zählt es, auch aus kärglichen Verhältnissen eine schöne und schließlich freundliche Umgebung zu zaubern.

Nicht nur unter optimalen Voraussetzungen reifen Birke-Geborene zu vorbildlichen Persönlichkeiten heran, die viel von der Leben erhaltenden Natur des positiven Denkens vermitteln können.

Leidet eine Birke, fehlt es mit Sicherheit an existenziellen Voraussetzungen, nie an Kleinigkeiten oder Subjektivem. Wasser und Licht, das bedeutet auf den Menschen übertragen: Nahrung und ein positives Ziel. Dies schafft sich dieser Menschen-Typus mit einer Unbeirrbarkeit, die ihresgleichen sucht. Blühen Birke-Geborene auf, können sie mit ihrer leuchtenden positiven Haltung – wie der Blütenstaub des Baumes bei Allergikern – sehr negative Reaktionen bei Menschen auslösen, die es sich selbst schwer machen. Die dann häufig zu Tage tretende offene Antipathie ist etwas, das Birken nicht verstehen. Aber ihr Optimismus ist andererseits so ansteckend, dass sie düstere Menschen zuweilen durch ihre bloße Anwesenheit und ihre Ausstrahlung aus ihren negativen Gedanken reißen können.

Die Buche

(Fagus Sylvatica)

Botanische Charakteristik

Kaum ein Laubbaum hat ein so dichtes Blätterwerk wie die Buche. Vieles deutet darauf hin, dass die Buche am Ende ihrer Evolution angelangt ist. Sie hat gelernt, sich auf das Wesentliche zu konzentrieren und sich gegen andere Bäume durchzusetzen.

Erscheinungsbild

Die Buche ist ein beeindruckender Baum von etwa 30 Metern Wuchshöhe. Einzeln stehend setzt sie schon weit unten am Stamm schützende Äste an, denn die glatte graue Rinde ist empfindlich und kann sogar einen Sonnenbrand bekommen. In der Gemeinschaft, im Buchenwald, wachsen die Bäume dicht nebeneinander in regelmäßigen Abständen, weisen hier jedoch unten keine Äste auf und wachsen sehr hoch und gleichmäßig. Die Kronen vereinigen sich zu einer kaum lichtdurchlässigen Kuppel. Man kann ihre aufrechten Äste bis in die Kuppel hinein verfolgen.

Die Blüte der Buche fällt in die Monate April bis Mai. Dabei stehen männliche Blüten in Büscheln beisammen, die weiblichen verstecken sich in einer vierklappigen Hülle.

Im Herbst trägt die Buche Nussfrüchte, die Bucheckern. Sie sind dreikantig, braun glänzend, allerdings sehr klein – nämlich höchstens zwei Zentimeter lang.

Die Blätter der Buche sind behaart, oval oder länglicheiförmig, bis zu zehn Zentimeter lang und am Rand leicht gewellt.

Standort

Von der Ebene bis in 1500 Meter Höhe ist die Buche auf gut durchfeuchteten, nährstoffreichen Böden anzutreffen. Aber auch in sand- und kalkreicher Erde schlägt sie Wurzeln. Meistens bildet sie mit anderen Pflanzen ihrer Art einen Wald.

Vorkommen

Die Buche ist in Europa ausgesprochen weit verbreitet. Einzige Ausnahme: der Südosten.

Besonderheiten

Das mitteleuropäische Klima kommt diesem Laubbaum sehr entgegen. Ohne den Eingriff der Menschen in die Natur gäbe es hier wohl fast nur Rotbuchenwälder.

Doch auch so hat sich dieses Gewächs sehr gut verbreitet – durch die Tiere. Hauptsächlich sind es Eichhörnchen und Eichelhäher, die im Herbst einen Bucheckernvorrat anlegen.

Oft vergessen sie ihre Verstecke und sorgen so dafür, dass neue Bäume und Wälder entstehen.

Im Buchenwald gibt es aufgrund der dichten Blätterkuppel ein beeindruckendes Echo – fast wie in einer großen Kirche, und man kommt sich vor wie an einem heiligen Ort.

Das äußerst harte Buchenholz besitzt den höchsten Heizwert unter den Holzarten.

Und noch eine Besonderheit: Die Buche liefert mit zunehmendem Alter immer mehr Sauerstoff.

Die keltische Deutung

Für die Kelten lag die Bestimmung der Buche darin, sich durchzusetzen. Deshalb bekam sie einen Sonderplatz im Baumkreis der Kelten (sie symbolisiert nur einen Tag).

Die Buche steht an einer der vier Hauptmarken des Sonnenjahres und galt als Symbol der Stärke in der Gemeinschaft.

Die Buche-Geborenen

(22. Dezember)

Kurzcharakteristik: Realistisch, stark, pflichtbewusst, diszipliniert, ehrgeizig, dominant. Ihr Motto: Ich setze mich durch!

Ihre Stärken

Buchen sind Siegertypen. Sie haben klare, konkrete Vorstellungen vom Leben, sind zielstrebig, sachlich, nüchtern und schaffen sich in fast jeder Umgebung sichere Fundamente. Mehr noch: Sie setzen sich durch. Sie scheuen sich nicht vor Aufgaben und Herausforderungen; sie kennen keine unlösbaren Probleme. Rückschläge bringen sie nicht vom Weg ab, sondern gehören einfach zum Leben und werden daher frontal angegangen. Die Buche-Geborenen leisten Enormes und übernehmen gern große Verantwortung. Erfolg ist ihr Lebensinhalt; eine sinnvolle, vernünftige Gemeinschaft geht ihnen über alles.

Ihr gradliniges, praktisches Denken beschert ihnen Anerkennung, ihre natürliche Dominanz verleiht ihnen Persönlichkeit und Durchsetzungskraft. Verlässlichkeit, Freundschaft und Treue gehören ebenfalls zu ihren Tugenden; wenn sie Verbundenheit und Vertrauen spüren, sind sie auch zu großer Sinnlichkeit und tiefer Liebe fähig.

Ihre Schwächen

Im Reich der Emotionen und der Intuition sind Buche-Geborenen ihr allzu ernsthafter Charakter und ihre (Selbst-) Disziplin oft im Weg. Sie gelten als kühl und hart. Wenn sie zu Dingen verführt werden, die sie nicht kontrollieren können, macht sie das sehr unsicher. Instinktiv wehren sie sich erst einmal gegen alles, was sie nicht mit Logik und Verstand beherrschen können oder was nicht dem Wohl der

Gemeinschaft dient. Aus ihrer natürlichen Kraft wird dann der Zwang zur Disziplin. Nachgiebigkeit und Toleranz zählen auch nicht zu ihren hervorstechenden Tugenden.

Buche-Geborene neigen dazu, den Ton anzugeben, leider auch manchmal dazu, andere zu maßregeln.

Ihre Ordnung ist eher starr, Veränderungen betrachten sie oft als unnötig und wehren sich strikt und vehement dagegen.

Da sie außerdem über einen ausgeprägten Eigensinn verfügen, fliegen bei Auseinandersetzungen gehörig die Fetzen.

Buche-Geborene und die Liebe

Buchen sehnen sich nach tiefer, grundlegender Übereinstimmung ohne viel Worte und sind nur dann zu leidenschaftlicher Erotik bereit. Sie strotzen vor sexueller Kraft und haben von einer Beziehung ganz klare Vorstellungen. Das andere Geschlecht empfindet sie als sehr bestimmend. Was sie einmal haben, wollen sie behalten und sind auch in Beziehung und Partnerschaften sehr beharrlich.

In der Liebe spielen Buche-Geborene manchmal mit dem Feuer, lieben aber auch hier im Grunde keine Abenteuer – sie legen sich lieber fest. Sie brauchen unbedingt einen Partner, der ihrem Anspruch nach Dauer und Beständigkeit auch gerecht wird.

Körperliche Schwachstellen

Haut, Kreislauf, Knochen, Psyche, Schultern

Heilkräuter der Buche

Ringelblume, Schlehdorn, Fenchel, Zitronenmelisse, Rosmarin, Wermut, Kamille, Arnika, Kresse

Darauf sollten Buche-Geborene achten

Buchen sind starke, ausgeprägte Persönlichkeiten mit einer Aura von Stärke und Kraft. Sie sind tonangebend, lassen aber auch andere echte Größen neben sich gelten, denn sie sind keine Einzelgänger, im Gegenteil: Sie schätzen eine sichere und wehrhafte Gemeinschaft. Buche-Geborene fordern viel, geben selbst aber auch alles. Was man unbedingt braucht, um von ihnen ernst genommen zu werden, ist ein sicheres Auftreten. Schwierigkeiten bereitet ihnen der Umgang mit sensiblen Menschen. In selbst gewählten Gemeinschaften sollten sie daher darauf achten, schwächere Persönlichkeiten nicht zu dominieren. Sie nehmen sich in ihrer Kraftstrotzerei nämlich kaum zurück – und wundern sich dann über die Rachegelüste ihrer Mitmenschen. Persönliche Freiräume und Grenzen, die nicht überschritten werden dürfen, muss man ihnen gegenüber ganz klar festlegen, und zwar von Anfang an. Sonst hat man einen schweren Stand und kann sich oft nur noch mit großer Vehemenz Gehör verschaffen. Gerade junge Menschen dieses Baumzeichens sollte man lehren, dass das Gesetz des Stärkeren für menschliche Gemeinschaften nicht sonderlich taugt.

Buchen sind eher traditionell und von ihren Anschauungen nicht so leicht abzubringen. Was von ihnen übernommen werden soll, muss sich erst einmal bewähren. Obwohl sie über unglaubliche körperliche und seelische Kräfte verfügen, lassen sie sich nicht gern auf Risiken ein. Es sind Menschen, bei denen man gern vom »guten alten Schlag« spricht. Aber wie dieses Attribut schon andeutet, ist ihre absolute Art in der heutigen Zeit stark gefährdet. Denn was sie krank macht, ist, ihre Meinung nach der Mode zu richten und sich anzupassen. Aber gerade das wird immer häufiger von ihnen verlangt. Echte Buchen sollten sich schleunigst Rückzugsgebiete sichern, in denen sie ihre (Ur-)Natur noch ausleben können.

Der Apfelbaum

(Malus Sylvestris)

Botanische Charakteristik

Der Apfelbaum ist überaus robust und wächst auf fast jedem Boden. Seine Blüten sind schön und seine Früchte verführerisch. Durch die so genannte Pfropfung sind über tausend Sorten des ursprünglichen Wildapfels entstanden. Dieser Baum verkörpert in der Botanik die Kunst des Möglichen.

Erscheinungsbild

Insgesamt wird der Apfelbaum höchstens zehn Meter groß. Auf einem niedrigen, krummen und oftmals gewundenen Stamm sitzt eine üppige Krone, die sehr dicht ist und von vielen Ästen und Zweigen (beide manchmal mit Dornen) durchzogen wird.

Die Rinde ist braun, sehr rissig und geschuppt. Im April und Mai steht der Apfelbaum in seiner Blüte. Wunderschön weiß oder rosafarben sind seine Blüten, die fast wie Blumen aussehen. Die Früchte des Wildapfels sind klein, mit einem Durchmesser von zwei bis vier Zentimetern. Die Äpfel sind rund, grün, gelb und manchmal auch zur Hälfte rot.

Standort

Tiefgründig, voller Nährstoffe und schön feucht – so mag der Apfelbaum den Boden zum Gedeihen.

Vorkommen

Daheim ist der Apfelbaum in ganz Europa. Allerdings kommt er nirgendwo sehr häufig vor. Der Wildapfel ist von verwilderten Kulturäpfeln kaum zu unterscheiden.

Besonderheiten

Äpfel wurden bereits in der ausgehenden Eiszeit gegessen. Das zeigen Apfelkerne, die bei Funden der Pfahlbaukulturen in Süddeutschland mit ausgegraben wurden.

Die Christen machten den Apfelbaum zum Baum der Erbsünde.

Die keltische Deutung

Nur zwei Obstbäume haben die Kelten in ihren Baumkalender aufgenommen – die Feige und eben den Apfelbaum. Wenn man einen Apfel quer aufschneidet, wird ein fünfzackiger Stern im Kern der Frucht sichtbar. Für die Kelten war die Fünf die Zahl der Liebe. Der Apfelbaum galt ihnen daher als Symbol der Vollendung, einer Kraft, die alle Gegensätze und alles Trennende vereint: Natur und Mensch, Gut und Böse, Leben und Tod, diese und die »Andere Welt«.

Sie sahen in ihm ein Zeichen für die Sehnsucht nach Vollendung.

Die Apfelbaum-Geborenen

(25. Juni bis 4. Juli und 23. Dezember bis 1. Januar)

Kurzcharakteristik: Liebevoll, gütig, einfallsreich, realistisch, ausgleichend, intuitiv. Ihr Motto: Mit Verständnis geht alles!

Ihre Stärken

Apfelbaum-Geborene sind ausgeglichene, verständnisvolle und liebenswerte Menschen, immer auf der Suche nach einem Weg, der zusammenführt statt entzweit. Aber zum Erstaunen aller Realisten sind sie nie unrealistisch. Ihre ausgeprägte Fantasie und ihr unglaublicher Ideenreichtum eröffnen ihnen schöpferische Schaffenskraft. Aufgrund ihrer großen Güte und Toleranz besitzen sie die Fähigkeit, Extreme zu glätten und die wesentlichen Gemeinsamkeiten in den Vordergrund zu stellen. Ihr Verhalten ist weltoffen, intuitiv und optimistisch. Sie geben Geborgenheit und Wärme und finden ihre Vollendung in der Liebe.

Ihre Schwächen

Durch ihren großen seelischen Tiefgang sind Apfelbaum-Menschen zu Erkenntnis, bedingungsloser Liebe, aber auch zu großem Leiden fähig.

Bleiben sie unverstanden, schützen sie sich mit übertriebenen Abwehrmechanismen und unterbinden damit selbst, was sie am meisten brauchen: Liebe.

Die Apfelbaum-Geborenen sind die wohl am meisten missverstandenen Gefühlsmenschen. Dabei brauchen gerade sie sehr viel Anerkennung und Akzeptanz, um ihre positiven Kräfte zu entfalten. Fallen ihr Optimismus und ihre Liebe nicht auf fruchtbaren Boden, können sie hart und zerstörerisch werden.

Apfelbaum-Geborene und die Liebe

Menschen dieses Baumzeichens sind die wahren Botschafter der Liebe. Sie brauchen Verständnis und einen Partner, der ihren vielfältigen Gefühlen gewachsen ist und sie bestätigt und bestärkt – jemanden, der mit ihnen durch dick und dünn geht, ihre Wünsche und Sehnsüchte teilt, tiefe Gefühle zeigen und von ganzem Herzen lieben kann.

Denn durch Verständnis, Vertrauen und liebevolle Behandlung werden sie zur unübertroffenen emotionalen Offenbarung und zu einer erotischen Sensation.

Körperliche Schwachstellen

Haut, Magen, Darm, Augen, Psyche

Heilkräuter des Apfelbaums

Ringelblume, Kümmel, Kresse, Baldrian, Melisse, Johanniskraut, Minze, Wermut

Darauf sollten Apfelbaum-Geborene achten

Menschen dieses Zeichens brauchen nur eines: offene und ehrliche Zuwendung sowie Vertrauen. Was sie daraus machen, ist atemberaubend. Der Apfelbaum-Geborene ist der lebende Beweis dafür, dass nicht nur der Glaube, sondern vor allem auch die Liebe Berge versetzt.

Dieser Mensch lechzt nach Gemeinsamkeit, nach einer Harmonie, die locker und liebevoll gelebt wird. Bekommt er diesen emotionalen Boden, gedeiht er zu einer strahlenden Persönlichkeit; er erlangt dann ein Charisma, das von keinem anderen Baumzeichen erreicht werden kann – und das, ohne seine Mitmenschen einzuschränken. Er ist sozusagen die Verkörperung des Glaubens an das Gute im Menschen. »Leben und leben lassen« ist für dieses Baumzeichen das oberste Prinzip. Doch so wundervoll die Wärme, die positive Kraft der Emotionalität auch ist, sie macht die Apfelbaum-Geborenen auch zu den verletzlichsten Menschen. Sie schlucken viel zu viel, sind stets gefährdet, unterdrückt zu werden – und wehren sich nur in äußersten Notsituationen. Besonders in der heutigen Zeit gereicht ihnen das zum Nachteil, liegt jedoch leider in der Natur ihres Wesens. Doch das Jammern nutzt nichts. Apfelbaum-Geborene sind bedroht und müssen sich in unseren lieblosen Zeiten etwas einfallen lassen – wie wär's zum Beispiel mit einer etwas dickeren Haut?

Apfelbäume leiden, wie gesagt, schnell, aber nicht, weil sie empfindsam sind, sondern weil sie im Kleinen spüren, woran diese Welt im Großen krankt und was ihr vielleicht früher oder später das Genick brechen wird: der eklatante Mangel an der Fähigkeit, einfach zu lieben!

Die Tanne

(Abies Alba)

Botanische Charakteristik

Tannen wachsen schnell, klar und gerade – wenn sie gute Bedingungen vorfinden. Doch seltsamerweise suchen sie sich mit Vorliebe die unwirtlichsten Standorte aus, trotzen dort den größten Widrigkeiten, verkrüppeln zwar, aber überleben – nach außen immergrün.

Erscheinungsbild

Dieser Nadelbaum kann bis zu 50 Meter hoch werden, dabei bleibt der Stamm kräftig und gerade. Wie ein Kegel ist die Tanne geformt, und zwar sehr gleichmäßig. Mit zunehmendem Alter wird die Spitze runder – ein typisches Unterscheidungsmerkmal zur Fichte. Mit den Jahren stehen auch die Äste nicht mehr nach oben, sondern stehen waagerecht vom Stamm ab. Die Rinde der Tanne ist glatt und dunkelgrau, manchmal entstehen an der Oberfläche Harzblasen. Ihre Blütezeit liegt in den Monaten April und Mai, wobei sich kugelige männliche Blüten ausbilden, die an den Zweigenden sitzen und gelblich gefärbt sind. Die Zapfen sind weiblich und bis zu zehn Zentimeter lang. Sie wechseln ihre Farbe von anfänglichem Grün bis zu einem blassen Braun in der Reifezeit.

Standort

Die Tanne ist der bedeutendste Waldbaum neben Buche, Kiefer und Fichte und findet sich in Lagen zwischen 400 und 900 Metern Höhe. Sie mag frische und mittelgründige Böden.

Vorkommen

Für Nadelwälder in Mitteleuropa ist die Tanne typisch. Daneben wächst sie auch in Frankreich, auf der Insel Korsika und in den Gebirgen des Balkans.

Besonderheiten

Die einheimische Weißtanne kann enorme Ausmaße erlangen und ein hohes Alter dazu: 200 bis 300 Jahre sind nicht selten. Allerdings ist ihr Bestand zurückgegangen. Die Gründe dafür sind vor allem Industrieabgase und saurer Regen. Geigenbauer schätzen Tannenholz – allerdings muss es hoch aus den Bergen stammen, denn wo der Boden karg und der Winter lang ist, wächst die Tanne langsam und bildet ein hoch qualitatives Holz aus, das für die Klangbildung bestens geeignet ist.

Die keltische Deutung

Der Tannenwald mit seinem Stöhnen und Ächzen verkörperte für die Kelten die magischen Urkräfte, das Unfassbare – von der Geburt bis zum Tod.

Doch die Tanne steht im keltischen Baumkreis auch für die Suche nach Geborgenheit. Denn die Pflanze, die sich freiwillig den härtesten Umweltbedingungen, also im übertragenen Sinn Leid und Verletzungen aussetzt, war ihrer Meinung nach ein Symbol für die Suche nach Schutz und Vertrauen im Schoß der Urmutter.

Die Tanne-Geborenen

(5. bis 14. Juli und 2. bis 11. Januar)

Kurzcharakteristik: Mitfühlend, verletzlich, kreativ, exzessiv, exzentrisch, beschützend. Ihr Motto: Ich will fühlen!

Ihre Stärken

Tanne-Geborene sind sehr verschlossen, wirken unnahbar und in sich gekehrt. Doch hinter dem abweisenden Äußeren steckt ein sehr sensibles Inneres. Das spontane, emotionale, ja intuitive Erleben prägt sie. Ihre Gefühle weisen ihnen den Weg, auf dem sie zu ungewöhnlichen Persönlichkeiten abseits der üblichen Norm heranwachsen. Sie brauchen nicht viel – nur Hoffnung und Liebe –, um auch weniger entgegenkommende Verhältnisse zu überdauern.

Tanne-Menschen sind äußerst empfänglich selbst für die kleinsten zwischenmenschlichen Schwingungen, hören sprichwörtlich das Gras wachsen. Sie sind klug und scheuen kein geistiges Abenteuer. Ihre wahren Wurzeln suchen sie in geistigen Höhen, aber auch in erotischen Abenteuern und seelischen Extremen. Sie wollen leben – ohne angezogene Handbremse. Tanne-Geborene sind für alles offen, wollen alles erfahren und geben gleichzeitig Wärme, Liebe und Geborgenheit.

Diese Menschen sind durch ihre hohe innere Spannung zu enormen kreativen Leistungen fähig. Sie sind die Künstler, die Querdenker, die den allzu Angepassten und vermeintlich Normalen immer wieder den Spiegel vorhalten. Tanne-Menschen sind unberechenbar, aber immer für einen richtungsweisenden Impuls gut.

Ihre Schwächen

Ihre tiefe Verletzlichkeit passt nicht so recht zum harten Image, das sie nach außen hin vermitteln. Tanne-Menschen sind zuweilen stark unbewussten Einflüssen und seelischer Zerrissenheit ausgesetzt – wollen das aber nicht wahrhaben, sondern neigen dazu, die Gegensätze, die sie in sich fühlen, zu verdrängen. Im Grunde sind sie gutmütig und sanft. Schafft es aber jemand, sie bis zum Äußersten zu reizen, handelt die Tanne im Affekt – hart, wütend, manchmal brutal. Außerdem fällt sie zuweilen schnell in ein Tief oder wird schier grundlos aufbrausend.

Tanne-Geborene und die Liebe

Im Grunde sind Tannen für die Liebe geboren – aber sie zeigen es nicht. Im Gegenteil: sie geben sich abweisend, introvertiert, übertrieben zurückhaltend und neigen zu wütenden Gefühlsausbrüchen, was sie zu äußerst schwierigen Lebensgefährten macht. Sie brauchen daher verständnisvolle, tolerante und ebenso starke wie bodenständige Partner, die ihnen emotionalen Halt, Wärme und Geborgenheit geben. Erst dann entwickeln Tanne-Geborene ihren ureigenen liebevollen Charakter und geben den Wunsch nach einem schönen Heim und Geborgenheit preis. Ihr erotisches Feuer entwickelt sich nur, wenn sie tiefes Vertrauen haben.

Körperliche Schwachstellen

Atemwege, Magen, Darm, Brustraum, Psyche, Herz und Kreislauf

Heilkräuter der Tanne

Ringelblume, Wermut, Fenchel, Melisse, Baldrian, Johanniskraut

Das sollten Tanne-Geborene beachten

Was Tanne-Geborene vor allem aufgeben sollten, ist der Widerstand gegen die eigene Sensibilität und gegen ihr Herz voller Liebe. Denn so sehr sie sich auch mühen, können sie ihre Verletzlichkeit zwar verbergen, werden aber immer selbst darunter leiden. Ihre wahre Natur ist Offenheit, Güte und Altruismus – auch wenn sie sich aus Angst, diese Lebensweise sei nicht zu verwirklichen, oft bis zur Selbstaufgabe verstellen.

Aber das bräuchten sie gar nicht, können sie doch unglaubliche Widrigkeiten aushalten. Wie kein anderes Baumzeichen leiden Tannen oft sehr stark, sind aber dennoch so robust, dass sie auch in unwirtlichen Lebensumständen überleben können. Dieser vermeintliche Gegensatz ist charakteristisch für diese Menschen. Nach außen lassen sie sich nichts anmerken, im Innern zerreißt ihnen die Gefühllosigkeit dieser Welt das Herz – und trotzdem lassen sie sich ihre Lebensfreude nicht nehmen. Es muss doch eine bessere Welt als diese geben – und die Tanne kann alles wegstecken, wenn sie wenigstens ab und zu daran schnuppern darf. Was Tanne-Geborene deshalb schon in frühester Jugend brauchen, sind Ideale. Es muss nicht alles zum Besten gerichtet sein, Tannen sind zäh und willensstark, wenn sie wissen, was sie wollen. Sie brauchen aber eine bewusst positive Ausrichtung für ihr Leben, sonst verkümmern ihre Fähigkeiten zu bloßen Überlebensstrategien. Mit zunehmendem Alter werden sie dann mürrisch, schwermütig und depressiv.

Zu guter Letzt brauchen Tanne-Menschen eine große Nähe zur Natur. In Betonbunkern und anderen unnatürlichen Lebensräumen verkümmern sie regelrecht.

Die Ulme

(Ulmus Laevis)

Botanische Charakteristik

Ulmen sind meistens mächtige Baum-Persönlichkeiten, aber sie nehmen anderen Pflanzen nicht das Licht. Sie haben einen wunderschönen, regelmäßigen Astbau und bilden niemals Wälder, sondern lichte Haine. Doch seit den zwanziger Jahren – nach einer Entwicklungszeit von Jahrtausenden – steht es schlecht um die Ulmen: Sie sind heute vom Aussterben bedroht. Ihr Hauptfeind ist der Mensch, der das Regenwasser in Kanalsysteme zwängt und in die Flüsse ableitet und so für das radikale Absinken des Grundwasserspiegels verantwortlich ist.

Bei den Ulmen scheint es, als ob sie zweimal grünen. Die Blüten im März sehen wie junge Blätter aus, machen aber erst Ende April den richtigen Blättern Platz.

Erscheinungsbild

Die Ulme, ein sommergrüner Laubbaum, wird an die 30 Meter hoch. Dabei wirkt ihre Krone sehr licht. Mit etwas gutem Willen könnte man ihre eher offene Form als rund bezeichnen. Die unteren Äste sind sehr kurz und wachsen waagerecht vom Stamm weg, mit zunehmender Höhe richten sie sich immer mehr himmelwärts.

Die Rinde der Ulme ist graubraun gefärbt und zeigt ein breites Leinenmuster. Das Alter hinterlässt jedoch nach und nach tiefe Furchen. Bereits im März steht die Ulme in voller Blüte. In Büscheln hängen dann die Blüten an langen Stielen. Die Früchte, die daraus hervorgehen, sehen aus wie längliche Blättchen, in deren Mitte der Samen sitzt. Die Ulmenblätter sind eher rund, allerdings mit einer deutlichen Spitze versehen. Der Blattrand ist doppelt gezähnt, die Oberseite dunkelgrün gefärbt, während sich die Unterseite behaart und hellgrün zeigt. Die Blattstiele sind auffallend kurz.

Standort

Bevorzugt schlägt dieses Gewächs auf sommerwarmem Lehm- oder Sandboden Wurzeln und das vor allem in Auwäldern.

Vorkommen

Die Ulme kommt überall in Europa vor, doch macht sie sich insgesamt rar. Nur vereinzelt findet man sie im Freistand, häufiger jedoch in kleinen lichten Gruppen. Wird sie angepflanzt, so gedeiht sie hauptsächlich in Alleen und an Straßenrändern.

Besonderheiten

Nicht genug damit, dass die Ulme von Natur aus eher selten vorkommt. Eine Krankheit rottet diesen Baum überdies

immer mehr aus: die Ulmenpest, eine Pilzinfektion unbekannten Ursprungs. In den Niederlanden wurden die ersten kranken Bäume entdeckt, dann griff der Erreger, der von zwei Borkenkäfer-Arten übertragen wird, schnell auf andere europäische Länder über. Noch konnte dieser Pilz nicht unter Kontrolle gebracht werden, zwar sterben Erreger und Käfer durch Gift, allerdings wird dabei auch die Umwelt auf Dauer stark belastet.

Ulmenholz ist schwer zu spalten und zu bearbeiten, kann andererseits aber leicht gebogen werden. Deswegen kam es vor dem Ulmensterben vor allem für die Herstellung von Sitzmöbeln mit gebogenen Details zum Einsatz.

Die keltische Deutung

Für die Kelten war die Ulme ein Symbol der guten Gesinnung, weil Ulmen anderen Pflanzen kein Licht rauben. Die Ulme ist auf maßvollen, gerechten Ausgleich und auf eine sinnvolle Lebensgrundlage für alle bedacht. Aber sie war den Kelten auch ein Zeichen für altruistische Individualität und die schöpferische Kraft, die aus dieser edlen Geisteshaltung erwächst.

Die Ulme-Geborenen

(15. bis 25. Juli und 12. bis 24. Januar)

Kurzcharakteristik: Gerecht, fair, tolerant, großmütig, hilfsbereit, individualistisch. Ihr Motto: Leben und leben lassen!

Ihre Stärken

Lebensfreude, Lebensbejahung und Optimismus bestimmen den Charakter der Ulme-Geborenen. Doch dabei haben sie kein dominierendes, egoistisches Wesen, sondern sind ganz im Gegenteil die Altruisten in Person. Meist kommen auch großer Charme und eine auffallend positive Ausstrahlung hinzu. Ihr Markenzeichen ist die Toleranz. Sie wollen eine freie Welt mit viel Stil und übernehmen dafür tatkräftig die Verantwortung. Nicht die Zukunft bestimmt den Sinn ihres Lebens – sondern vor allem in der Gegenwart möchten sie das Gute schaffen. Dafür brauchen sie Anerkennung, ja Bewunderung – dann sind sie großzügig, herzlich, amüsant und auch in der Liebe eine Offenbarung.

Ihre Schwächen

Ihr sicherlich größtes Problem tritt dann zu Tage, wenn sie sich ständig beweisen müssen: Ulmen sind keine großen Kämpfer, das widerspricht ihrer Natur. Und genauso erwarten sie von ihrer Umwelt, dass sie sie nicht ungerechtfertigt oder sinnlos angreift. Geschieht das doch, reagieren sie völlig perplex. Mit einem derart niedrigen Niveau können sie überhaupt nichts anfangen, aber sich leider auch nicht sonderlich gut dagegen wehren. Als Schutzmaßnahme behandelt die Ulme daher ihre Umwelt eher arrogant – was ihr aber nur erneute Anfeindungen einbringt.

Alles, was ein tolerantes Miteinander in Frage stellt, erlebt der Ulme-Mensch als existenzielle Bedrohung. Eine weitere

Ursache für Schwierigkeiten ist seine ausgeprägte Hilfsbereitschaft sowie echtes Mitgefühl, das einen starken Motor für seine altruistische Lebenshaltung darstellt. Mitunter haben Ulme-Geborene zudem einen verhängnisvollen Hang zu einem selbstzerstörerischen Spiel mit dem Feuer.

Ulme-Geborene und die Liebe

Die Ulme und die Liebe – das ist eine fruchtbare Verbindung. Liebe und Vertrauen sind für sie der Anfang alles Guten. Sie bewundern Großherzigkeit und besitzen sie selbst über alle Maßen. Wer ihre großen Gefühle erwidert, hat einen verlässlichen Partner fürs Leben gefunden. Wenn Ulme-Menschen auch noch das Gefühl haben, wegen ihrer uneigennützigen Art geliebt zu werden, fressen sie einem aus der Hand und übernehmen die schwierigsten Aufgaben. Dann sind sie einfach liebenswert – und so vollkommen, wie ein Mensch es sein kann.

Körperliche Schwachstellen

Herz, Blutdruck, Augen, Drüsen

Heilkräuter der Ulme

Rosmarin, Lorbeer, Wacholder, Pimpernell, Kamille, Johanniskraut

Das sollten Ulme-Geborene beachten

Opfer sind manchmal nötig, sollten aber nicht zum Selbstzweck werden. Nicht jede Ulme muss ein Albert Schweitzer sein. Das würde der Welt nicht helfen – sondern nur die Ulmen zu Grunde richten. Es ist nicht gut, ein Leben lang mehr zu geben als zu nehmen. Auf ein einigermaßen ausgeglichenes Verhältnis zwischen diesen beiden Polen sollten Ulmen ganz besonders achten, sonst machen sie sich garantiert das Leben schwer.

Die wesentliche Lernaufgabe der Menschen dieses Baumtyps ist der wehrhafte Umgang mit Mitmenschen, die versuchen sie auszunutzen. Ulmen haben eigentlich Persönlichkeit genug, dem entgegenzutreten. Und sie müssen sich auch immer wieder vor Augen führen, dass es nicht immer lohnend und angebracht ist, anderen zu helfen oder den Vortritt zu lassen. In der heutigen Zeit wird man schnell als Illusionist abgestempelt, wenn man auch an das Wohlergehen anderer Menschen denkt und nicht immer nur an sich selbst. Von gefühlskalten Egoisten wird dieses Verhalten auch allzu oft als pure Dummheit missverstanden.

Es gibt einem schon zu denken, wenn man erfährt, dass der Baum der Altruisten heutzutage von einer rätselhaften Krankheit heimgesucht wird und zudem vom Aussterben bedroht ist, weil gewinnsüchtige Bauunternehmen den Grundwasserspiegel verantwortungslos immer mehr absenken.

Ulmen dürfen sich das aber einfach nicht gefallen lassen; sie müssen sich wehren – auch wenn ihnen das noch so sehr gegen den Strich geht.

Die Zypresse

(Cupressus Sempervirens)

Botanische Charakteristik

Zypressen gehören zur Familie der Koniferen, die schon viele tausend Jahre vor den ersten Laubbäumen existierten. Sie brauchen warme Sommer, vertragen viel Regen und auch Dürre, sind aber nicht sehr winterhart. Wo die Zypresse wächst, entsteht der Eindruck einer Kulturlandschaft.

Erscheinungsbild

Wie ein geschlossener Regenschirm muten Zypressen an: schmal und elegant mit der dünnen Spitze gen Himmel gerichtet. Ihre Äste stehen nur sehr selten einmal deutlich vom Stamm ab. Der immer dunkelgrüne, schlanke Nadelbaum kann eine Höhe von 30 Metern erreichen. Seine Rinde sieht man kaum, sie bleibt sein ganzes Leben über glatt und graubraun. In den März fällt die Blütezeit der Zypresse. Die gelblichen männlichen Blüten sitzen an den Zweigenden und sind nicht einmal einen Zentimeter lang. Die weiblichen Zapfen haben die Form von dicken, grünen Kugeln.

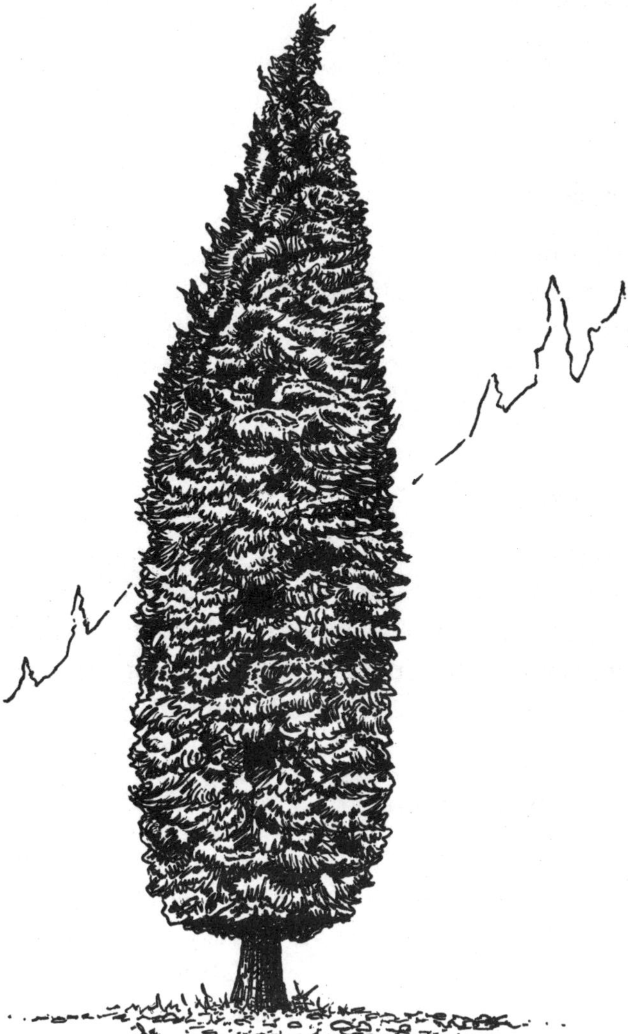

Standort

Trocken, flach und steinig – so mag die Zypresse den Boden. Was sie überhaupt nicht vertragen kann, ist Frost.

Vorkommen

Ursprünglich wuchs dieser Nadelbaum in Nordpersien, Kleinasien, auf Kreta und Zypern, wurde aber nach und nach im gesamten Mittelmeerraum angesiedelt. Die Zypresse ist außer auf Kreta nur noch selten in geschlossenen Beständen zu entdecken.

Besonderheiten

Die Zypresse wächst kaum mehr natürlich und muss heute angepflanzt werden. In der Antike war ihr Holz für den Bau so beliebt, dass die Bestände radikal abgeholzt wurden; die Schäden sind leider nicht mehr gutzumachen. Als Baum der Wiederauferstehung ziert die Zypresse häufig Friedhöfe.

Die keltische Deutung

Für die Kelten war die Zypresse ein mystischer Baum, dessen Wurzeln tief in der Vergangenheit liegen. Seine regelrechte Sucht nach Sonne und Licht symbolisierte für sie das Streben nach Erkenntnis, nach Kultur und einem autonomen, freien Lebensstil. Er galt zudem als Symbol für die Seelenwanderung.

Die Zypresse-Geborenen

(26. Juli bis 4. August und 25. Januar bis 3. Februar)

Kurzcharakteristik: Mutig, positiv, kontaktfreudig, schwer durchschaubar, mystisch, wagemutig. Ihr Motto: Ich wage alles zu denken!

Ihre Stärken

Zypresse-Geborene kosten das Leben mit seinen Tiefen, aber auch ausgeprägten Höhen aus. Ihr Ziel ist Selbstverwirklichung, die optimale Entfaltung ihrer Fähigkeiten. Unabhängigkeit ist eine ihrer ganz großen Stärken. Sie lieben ihre Freiheit und Eigenständigkeit, brauchen aber Akzeptanz, emotionale Wärme und eine positive Grundstimmung in ihrer nächsten Umgebung – und alles das bekommen sie auch, denn sie verstehen es, eine positive und gleichzeitig mystische Aura um sich zu entfalten, die andere in ihren Bann schlägt.

Zypresse-Menschen pflegen einen ganz eigenen, mutigen und kunstvollen Stil, sie kümmern sich nicht um Konventionen. Zypressen halten viel von gesundem Menschenverstand, aber sie denken nicht in eingefahrenen Bahnen und sind in diesem Sinne nicht pragmatisch. Das macht sie überdurchschnittlich erfolgreich. Sie haben immer Ideen, sind intuitiv und erfrischend emotional. Dabei zeigen sie keinerlei Angst vor den düsteren, geheimnisvollen Seiten des menschlichen Daseins. Sie wagen alles zu denken, und es gelingt ihnen dadurch Gegensätze zu überwinden.

Sie besitzen ein starkes natürliches Denken, haben viel Kontakt zu ihren Mitmenschen, ständigen (Gedanken-)Austausch mit Freunden und Partnern.

Sie gelten als klug, gesellig und ein bisschen geheimnisvoll und mysteriös.

Ihre Schwächen

Die große Angst, die eigene Individualität zu verlieren, kann zum Anderssein um jeden Preis ausarten. Der Drang nach Freiheit kann zur Bindungsunfähigkeit führen.

Das Streben nach Abwechslung, die Vorliebe für Ungewohntes und Mystisches macht Zypressen mitunter zu Egozentrikern und lässt »normale« Menschen gelegentlich ängstlich reagieren. Das Handeln der Zypresse-Geborenen ist eigenwillig und unvorhersehbar.

Auf Forderungen, Druck oder Zwänge reagieren sie mit massiver Opposition und bitterbösem Sarkasmus. Und sind sie auch im Allgemeinen soziale, gerechtigkeitsliebende und faire Menschen, so können sie in Konfliktsituationen und Auseinandersetzungen sehr vehement und rücksichtslos werden.

Körperliche Schwachstellen

Rücken, Herz, Venen, Drüsen, Nerven

Heilkräuter der Zypresse

Rosmarin, Melisse, Johanniskraut, Schlehdorn, Fenchel, Wermut

Zypresse-Geborene und die Liebe

Zypresse-Geborene wirken auf das andere Geschlecht ungemein anziehend, denn zu ihnen gehören Menschen, die sich nie ganz offenbaren oder hingeben. Sie sind geheimnisvoll und unergründlich, was natürlich gefestigte, aufgeschlossene und über die Maßen tolerante Partner erfordert. Menschen, die am liebsten im Schoß einer eingeschworenen Gemeinschaft leben, sowie eingefleischte Traditionalisten werden in den seltensten Fällen mit Zypresse-Geborenen auskommen. Diese kennzeichnet übrigens noch eine traumhafte Eigenschaft: Sie besiegen in der Liebe gemeinsam mit dem Partner die Angst.

Darauf sollten Zypresse-Geborene achten

Ihr Kennzeichen ist das Geheimnisvolle, sie stehen gewissermaßen für die Abgründe der Seele. Die Bäume weisen eine regelrechte Sucht nach Licht und Sonne auf – der Mensch im übertragenen Sinn nach Erkenntnis und positiver Energie. Er lechzt nach der befreienden Ausnahme im Gegensatz zur stupiden Regel. Diese Sucht muss man ihm lassen, sonst verkümmert er kläglich. Zypressen können sich schlecht mit den »normalen« Gegebenheiten abfinden, sie brauchen den Mythos, das Flair und den Reiz des Andersseins.

Zypressen brauchen auch wie kaum ein anderes Baumzeichen Kunst und Kultur, denn das ist Nahrung für die geheimnisvolle Persönlichkeit, die sich nicht mit dem Alltäglichen abfinden kann. Sie lieben geistreiche Spiele, Unterhaltung – ja, bis zu einem gewissen Grad auch den Genuss.

Auf der anderen Seite ist die Zypresse ein Friedhofsbaum, ein Symbol für Vergänglichkeit. Aber Menschen dieses Baumzeichens fürchten sich selten vor dem Tod. Er steht für sie ganz natürlich am Ende ihres Daseins. Aber bevor es so weit ist, wollen sie leben – und zwar ohne falsche Kompromisse und faule Zugeständnisse.

Bei jungen Zypressen sollte man darauf achten, dass ihre Vorliebe für das Mystische sich nicht wie ein schwarzer Schatten auf ihre Seele legt, ansonsten aber ihren ungestümen Drang nach Erkenntnis in allen Daseinsbereichen unterstützen. Was der Baum nicht mag, ist Frost; für den Menschen wird ein länger andauerndes Klima der Gefühlskälte zu einer schlimmen Bedrohung. Aus einer solchen Umgebung muss er dann schleunigst raus.

Die Zeder

(Atlaszeder, Cedrus Atlantica)

Botanische Charakteristik

Die Zeder hat einfach eine majestätische Gestalt. Sie wächst rasch und wird riesengroß. Es war das wohl wichtigste Holz im Altertum. Zedern sind auf ein eher mildes Klima angewiesen, aber sie können sich auch anpassen und durchsetzen. In jedem Fall ist sie ein Baum, der beeindruckt.

Erscheinungsbild

Sehr breit und ausladend ist die Zeder, ein immergrüner Nadelbaum, der ausgewachsen etwa 40 Meter hoch ist. Sie hat die Form eines Kegels, aber eine stumpfe Spitze. Die ausladenden Äste streben trotz ihres offensichtlichen Gewichts schräg aufwärts. Die tief graubraune Rinde der Zeder sieht aus, als sei sie voller Risse und Furchen. Die Blütezeit dieses Nadelbaumes – und das ist einzigartig – liegt im September. Alle Blüten sind zylindrisch geformt, wobei die weiblichen Zapfen zur Reifezeit breite Schuppen tragen.

Standort/Vorkommen

Die Atlaszeder hat ihren Ursprung – wie der Name schon verrät – in den bewaldeten Regionen des Atlasgebirges in

Marokko und Algerien. In ihren vielen Varianten wird sie auch an unzähligen anderen Standorten gepflanzt. Besonders beliebt ist die Libanonzeder (Cedrus libani), die im Libanon, der Türkei und in Syrien beheimatet ist. Allerdings kommt sie inzwischen auch in ganz Südeuropa vor, in wintermilden Lagen sogar in Mitteleuropa.

Als Zierbaum in mildem Klima gedeiht auch die schlanke Himalajazeder in manchem Garten. Nur die Zypernzeder ist auf ein ganz kleines Verbreitungsgebiet beschränkt: das Troodusgebirge auf Zypern.

Besonderheiten

Allen diesen Zedern ist gemeinsam, dass sie erst im Herbst blühen – im Gegensatz zu sämtlichen anderen Nadelhölzern.

Das Zedernholz ist beliebt für Möbel- und Schiffsbau und das seit dem Altertum. Selbst im Alten Testament (Buch der Könige) wird der rege Handel mit Zedernholz erwähnt. Im Volksglauben soll gekautes Zedernholz Selbstvertrauen verleihen.

Die keltische Deutung

Für die Kelten war die Zeder der Baum der Erleuchteten. In Truhen aus Zedernholz bewahrten sie ihre kulturellen Schätze auf. Dieser Baum war ihnen ein Symbol für Größe und Führung in einem positiven Sinn.

Die Zeder-Geborenen

(14. bis 23. August und 9. bis 18. Februar)

Kurzcharakteristik: Majestätisch, positiv, tatkräftig, konfrontationsliebend, erfolgreich. Ihr Motto: Immer vorn mit dabei!

Ihre Stärken

Sie setzen Zeichen und schaffen Großes. Zedern sind echte Persönlichkeiten und geborene Führungskräfte. Sie meistern das Leben, strotzen vor Optimismus und Selbstvertrauen, erreichen große Ziele und lieben starke sinnliche Reize.

Zeder-Geborene sind natürliche Größen auf ihrem Gebiet, majestätisch, kämpferisch, offen und frontal. Ihre Grundregel: Ich will vom Guten nur das Beste. Ihr Charakter und ihre Persönlichkeit sind einfach imponierend. Und es wundert niemand, dass sie, wo immer sie auftauchen, den Ton angeben. Sie stehen einfach im Mittelpunkt und sind von vornherein auf der Sonnenseite des Lebens.

Zudem verfügen sie über einen ausgesprochen guten Geschmack. Ihr Sinn für schöne Formen und ein sicheres Stilempfinden machen sie zu Künstlern oder zumindest zu Kunstkennern und -freunden.

Ihre Schwächen

Zeder-Geborene glauben, unantastbare Autoritäten zu sein. Dabei übergehen sie andere einfach. Widerspruch nehmen sie erst gar nicht wahr. Wagt es jemand doch, sie offen zu kritisieren, dann läuft er ins offene Messer. Jede Kritik bedeutet eine Bedrohung des großen Selbstwertgefühls der Zeder-Menschen – und kommt einer Majestätsbeleidigung gleich.

Selbstkritik – was ist das? Zeder-Geborene sind maßlos, haben einen immensen (auch erotischen) Lebenshunger und neigen zu Ausschweifungen.

Zeder-Geborene und die Liebe

Die stattlichen Erscheinungen dieses Baumzeichens wollen schlicht und ergreifend angebetet werden. Am liebsten ist es ihnen, wenn sie die unumstrittene Nummer eins sind. Zwar reizen sie auf der anderen Seite gerade selbstbewusste, unabhängige Partner, aber das ist meist nur die Lust aufs Erobern. Auf Dauer bringt sie eine andere Meinung, Widerspruch und eine selbstbestimmte Lebensführung des Partners zur Raserei. Sie brauchen im Grunde einen Gefährten, der sich beschützen lassen will.

Körperliche Schwachstellen

Herz, Kreislauf, Rückgrat, Gefäße, Muskeln, Augen

Heilkräuter der Zeder

Wilder Wein, Wacholder, Lorbeer, Rosmarin, Pimpernell, Johanniskraut, Kamille

Darauf sollten Zeder-Persönlichkeiten achten

Im Regelfall haben Zedern natürlich keine Probleme – warum auch? Das Leben hat sich gefälligst nach ihnen zu richten, denn sie wissen schließlich, was Sache ist. Auch die Kelten betrachteten die zu dieser speziellen Zeit Geborenen als bewundernswerte, unantastbare Lichtgestalten. Dem ist eigentlich nichts hinzuzufügen. Außer vielleicht … und damit fängt das Dilemma an! Denn wenn etwas gegen die Natur der Zeder geht, dann ist es, wenn sie zu zweifeln anfängt. Besiege den Zweifel – oder du musst dich mit ihm herumschlagen!

Sicher, es kommt selten genug vor. Aber wenn wir einmal einen genaueren Blick auf die Botanik dieses Baumes werfen, dann erkennen wir schnell, dass diese tollen Helden ein mildes Klima und eine ihnen wohlgesonnene Umgebung brauchen. Doch in unseren modernen, »coolen« Zeiten kennt man ja so etwas wie Respekt kaum mehr. Und das macht Zedern schwer zu schaffen. Denn einen Mittelweg finden sie kaum. Entweder sie sind wer (und zwar der bzw. die Größte) oder sie werden schwer in Frage gestellt. Und dann leiden sie – mehr als nötig. Denn im Zweifelsfall sind sie keinesfalls seelisch robust, auch wenn sie sich so geben.

Deshalb sollte man jungen Zedern schon beizeiten beibringen, dass die Zeit der Könige und Kaiser endgültig vorbei ist. Viel besser ist da schon eine natürliche Autorität, aber die will erarbeitet sein, sie fliegt einem nicht zu. Doch die guten Anlagen sind ja vorhanden.

Die Kiefer

(Pinus Sylvestris)

Botanische Charakteristik

Die Kiefer ist ein Pionierbaum. Er stellt weder an den Boden noch ans Klima besondere Ansprüche, er passt sich an und ist nützlich, auf alles vorbereitet und übersteht alles. Vor mehr als zehntausend Jahren bedeckten riesige Kiefernwälder fast ganz Europa.

Erscheinungsbild

Der Umriss einer Kiefer bildet ein Dreieck, allerdings nur bei jüngeren Exemplaren. Im Alter verliert dieser Nadelbaum, der leicht 30 Meter hoch werden kann, seine ursprüngliche Form. Quirlständig gehen die krummen, kurzen Äste vom Stamm ab, der sich eher neigt. Die Rinde ist zunächst grau oder graubraun, bekommt dann einen Rosaton und wird im hohen Alter von tiefen Furchen in einzelne Platten zerschnitten.

Die Blütezeit der Kiefer dauert von April bis Mai. Die (weiblichen) Zapfen sitzen entweder vereinzelt oder in Zweier- und Dreiergruppen auf kurzen Stielen. Sind sie reif, werden sie dunkelbraun (manche fast schwarz) und bis acht Zentimeter lang.

Standort

Die Kiefer mag fast trockene, basenarme und lockere Böden. Jedoch wächst sie auf Lehm genauso gut wie auf Sand- oder Kalkböden.

Vorkommen

Von allen Kiefernarten in Europa belegt die Pinie das größte Siedlungsgebiet. Sie ist von Lappland bis Spanien, im Osten bis Sibirien, im Flachland und bis in Höhen von 1300 Metern verbreitet und hat dabei enorm viele Formen ausgebildet. In den trockenen Wäldern in Südosteuropa hat sich vor allem die Schwarzkiefer durchgesetzt, die ebenfalls viele Formen hervorgebracht hat. Von der Föhre unterscheidet sie sich durch glänzende, gelbbraune Zapfen, und ihre Nadeln sind von extremem Dunkelgrün gegenüber denen der graugrünen Föhre.

Besonderheiten

Kieferngewächse bilden die wohl größte und älteste Pflanzenfamilie.

Die keltische Deutung

Von den Kelten wurde die Kiefer Feuerbaum genannt, und Feuer war gleichbedeutend mit Überleben. Aber die Kiefer war ihnen auch Symbol der Vorsorge, der Selbstkont-

rolle, des praktischen Verstandes – das Licht der reinen Vernunft.

Die Kiefer-Geborenen

(24. August bis 2. September und 19. bis 29. Februar)

Kurzcharakteristik: Zuverlässig, anpassungsfähig, vorsichtig, ökonomisch, selbstsicher, einfühlsam. Ihr Motto: Ich überlebe!

Ihre Stärken

Kiefer-Menschen wissen ganz genau, was sie wollen. Sie stehen mit beiden Beinen auf dem Boden der Tatsachen, statt Luftschlösser zu bauen. Ihr Grundbedürfnis ist eine sichere Daseinsgrundlage. Sie streben danach, ihr Leben vernünftig zu ordnen, überschaubar zu machen und Irritationen so weit es geht auszuschalten. Kiefer-Geborene sind verantwortungsbewusst, gewissenhaft, strebsam und haben ein sehr ausgeprägtes Zweckdenken. Sie beobachten scharf, nehmen feinfühlig auch kleinste Details wahr und passen sich klug an. Ihr Handeln ist immer überlegt, vorsichtig und ökonomisch. Und schließlich zeigen sie ein beachtliches Organisationstalent.

Ihre Schwächen

Wenn die Gewissenhaftigkeit und Genauigkeit der Kiefer-Geborenen zur Pedanterie wird, können sie bei anderen schon mal heftige Reaktionen auslösen. Aus ihrer Feinfühligkeit kann gelegentlich auch überspannte Empfindlichkeit werden. Und sie tun sich schwer, Ausgelassenheit, Spaß und Freude zuzulassen.

Kiefer-Menschen scheuen Abenteuer und Risiko, was dann leider oft einen tristen Alltag und Langeweile zur Folge hat. Gleichzeitig leben sie aber auch in der Angst, durch ihre übermächtige Vernunft etwas zu versäumen.

Ein weiteres Problem sind ihre Entscheidungsschwierigkeiten – denn sie wollen immer das Richtige tun und wägen deshalb manchmal endlos ab.

Kiefer-Geborene und die Liebe

Die eher vernunftorientierten Menschen dieses Baumzeichens brauchen in sich ruhende, selbstbewusste Partner, die nicht bei jeder Kritik gleich aus der Haut fahren. Sie müssen vielmehr ein dickes Fell und Humor besitzen und es zudem ertragen, dass Kiefer-Geborene sehr erfolgreich sind. Der Traumpartner muss außerdem ein erotischer Verführungskünstler sein, denn Kiefern lassen sich manchmal unglaublich lange reizen, ehe sie aus sich herausgehen.

Körperliche Schwachstellen

Magen, Darm, Herz, Ohren, Augen, Galle, Stoffwechsel

Heilkräuter der Kiefer

Majoran, Leinkraut, Sternkraut, Dill, Fenchel, Baldrian, Alraune, Lavendel und Farnkraut

Das sollten Kiefer-Geborene beachten

Man kann Vernunft, Lebensplanung und Vorsorge auch übertreiben. Wenn man schon die Fähigkeit besitzt, seelische Belastungen nicht an sich heranzulassen, könnte man doch ruhig ein bisschen mehr Lebensfreude wagen – man kann doch um Gottes willen nicht immer nur nützlich sein.

Gerade in der Liebe ist es ratsam, sich nicht nur auf Überlebensstrategien zu beschränken. Es gibt nämlich nicht sehr viele Partner, die mit dieser Haltung noch etwas anfangen können. Diese emotionale Sachlichkeit wird den Kiefer-Menschen mindestens ein verständnisloses Lächeln einbringen, eher aber noch gehörigen Ärger.

Goethes Faust hat beispielsweise erkannt, dass ein Leben in purer Vernunft über kurz oder lang an eindeutige Grenzen stößt. Da kommt dann schon die Frage auf: Kann das schon alles gewesen sein?

Und da Kiefern im Allgemeinen wahre Künstler im Sammeln von materiellen Gütern sind, dürfte es doch nicht schwerfallen, sich ein paar Sicherheiten beiseitezulegen – und sich einmal etwas zu gönnen, das keinen von vornherein erkennbaren Nutzen hat.

Doch bei aller Kritik – die Kiefern haben sich durchgesetzt, ein Beweis dafür, dass ihre Lebensweise funktioniert. Aber etwas mehr Freude kann doch wohl niemandem schaden, oder?

Der Weidenbaum

(Salix)

Botanische Charakteristik

Die Weide ist der beliebteste Zierbaum in Parklandschaften und steht fast immer an Seen und Flussläufen. Weiden gibt es in vielen Strauch- und Baumarten, die allesamt blitzschnell wachsen. Gemeinsam ist ihnen außerdem, dass sie ihre Zweige dem Wasser entgegenstrecken. Sie tun das, um das vom Wasser reflektierte Licht einzufangen.

Da sie ein dichtes Wurzelwerk haben, werden sie oft auch als natürliche Befestigung von Böschungen gepflanzt. Ihre Zweige und jungen Äste sind geschmeidig und biegsam und eignen sich hervorragend zum Flechten von Körben etc.

Erscheinungsbild

Eigentlich zählen die Weidengewächse generell zu den Sträuchern. Allerdings haben sich daraus stattliche sommergrüne Laubbäume entwickelt, die bis zu 25 Meter hoch werden können. Von einem oft geneigten Stamm stehen die Äste und Zweige meist strahlenförmig ab.

Die Krone ist rundlich, aber hoch gewölbt. Die Rinde des Weidenbaums ist dunkelbraun oder graubraun und ziemlich glatt.

Als Kulturform verschiedener Arten kommt besonders oft die Trauerweide vor, deren Äste extrem nach unten hängen. Die Blütezeit der Weide liegt sehr früh im Jahr – bereits im März können die zweihäusigen Blüten austreiben.

Die Frucht ist eine Kapsel, die von zwei Klappen gebildet wird. Besonders auffällig an der Weide sind ihre behaarten Samen. Die zunächst leuchtend grünen, später dunkleren Blätter sind lanzenförmig.

Standort/Vorkommen

Bis zu 30 Weidenarten (die vielfältigen Mischformen nicht mitgezählt) sind in Mitteleuropa heimisch. Sie stellen keine großen Ansprüche an den Boden, allerdings haben die einzelnen Arten ihre Vorlieben. So findet man die Korbweide (Salix viminalis) mit ihren biegsamen Zweigen, aus denen bevorzugt Weidenkörbe geflochten werden, vor allem auf sehr nassen Böden, zum Beispiel in Auenwäldern.

Eher an Waldrändern, auf Lichtungen und an Flüssen gedeiht eine ihrer beliebtesten Formen: die Sal- oder Palmweide (Salix caprea), deren silbergraue Palmkätzchen sich anfühlen, als besäßen sie ein Fell.

Die Purpurweide (Salix purpurea) mit ihren dunkelroten, oft kahlen Zweigen besiedelt hauptsächlich Auenwälder und feuchte Wiesen. In den Alpen fühlt sich die Reifweide (Salix daphnoides) wohl. Sehr häufig anzutreffen ist auch die Salix alba, die Weißweide, die im Wachstum die Schnellste ihrer Art ist und mit 25 Metern auch am höchsten wird.

Besonderheiten

Die Salweiden (Palmweiden) bieten den Bienen die erste Nahrung des Jahres. Weiderindentee ist fiebersenkend.

Die keltische Deutung

Die Bedeutung der Weide für die Kelten lässt sich leicht aus ihrer Zeit im Baumkreis ableiten. Vom 3. bis 12. September stehen Weiden in vollem Saft. Es ist die ideale Zeit, sie zu schneiden, da sie dann am geschmeidigsten sind. In der keltischen Symbolwelt standen sie daher für einen Lebenstypus, der sich nur schwer in Normen pressen lässt. Er liebt die Natur – und die Natur liebt ihn. Geschmeidig wie eine Weide zu sein heißt, sich nicht festzulegen, auch Gegensätze leben und bis an Grenzen gehen zu können.

Die Weidenbaum-Geborenen

(3. bis 12. September und 1. bis 10. März)

Kurzcharakteristik: Naturverbunden, einsichtig, emotional, idealistisch, tatkräftig, präzise. Ihr Motto: Ich suche die Wahrheit!

Ihre Stärken

Weidenbaum-Geborene sind Menschenfreunde und haben einen introvertierten, sensiblen und sehr intuitiven Charakter. Ihr Lebensprinzip ist die Toleranz. Das macht sie stark und lässt sie ihre Lebensträume verwirklichen. Sie sind dabei aber keine Träumer. Weiden-Menschen sind sehr empfänglich für die Signale des Unbewussten, die hinter dem alltäglichen Rollenspiel auf die zu Grunde liegende Wahrheit hinweisen. Sie sind das Baumzeichen mit dem größten Zugang zum Unterbewussten und Mystischen. Sie sind emotionale Idealisten. Mag ihr Handeln Vernunftmenschen auch chaotisch und unerklärlich erscheinen, überflügeln sie die meisten selbst ernannten Realisten im präzisen Denken und in der Zähigkeit ihres Tuns.

Ihre Schwächen

Im Grunde ihres Wesens sind Weidenbaum-Geborene dünnhäutig und verletzlich, was sie jedoch nicht akzeptieren. Um sich abzuhärten, werden sie zu unermüdlichen, manchmal auch gefährlichen Grenzgängern. Das Leid und Elend anderer berührt sie direkt; sie sind ständig auf der Suche nach einer naturnahen, besseren Welt. Das kann aber manchmal auch so weit gehen, dass sie vor der Realität flüchten. Oft erscheinen sie ihren Mitmenschen auch pessimistisch, zynisch oder selbstzerstörerisch.

Wird eine Weide angegriffen, reagiert sie erst einmal mit geschmeidigen Ausweichmanövern. Doch wer sie in die Enge treibt, wird plötzlich mit ihrer geballten Aggressivität konfrontiert. Weide-Geborene tun sich schwer mit den Menschen, die die Freiheit anderer nicht freiwillig respektieren. Bei Meinungsverschiedenheiten und in Konfliktsituationen besitzen sie einen unglaublichen Dickkopf und großes Durchsetzungsvermögen.

Weidenbaum-Geborene und die Liebe

Die Menschen dieses liebenswerten Baumzeichens sind sehr gefühlvolle und tolerante Partner. Sie zeigen in einer Beziehung natürliche Autorität, nie jedoch Machtansprüche; sie suchen nach emotionaler Übereinstimmung, nach Gleichklang und Harmonie.

Weidenbaum-Geborene brauchen in jedem Fall Partner, die ihre Ideale unterstützen, ihnen Halt und Antrieb, Geborgenheit und zwischenmenschliche Wärme geben.

Körperliche Schwachstellen

Abwehrsystem, Blutgefäße, Bewegungsapparat, Rücken, Seele, Atemwege, Beine

Heilkräuter der Weide

Sauerampfer, Laichkraut, Bilsenkraut, Melisse, Küchenschelle, Kresse, Ampfer, Bittersüß, Baldrian, Johanniskraut

Darauf sollten Weide-Geborene achten

Auch wenn man es ihnen auf den ersten Blick nicht immer ansieht – Weide-Geborene sind Menschen, die zuweilen fast zwanghaft bis an die eigenen Grenzen gehen. Sie brauchen diese Herausforderung, um sich zu beweisen, aber auch, um ihren Standort zu bestimmen.

Sie sind, wenn es sein muss, sehr genügsam, aber im Alltag entwickeln sie nicht selten auch einen Hang zum Luxus. Sie sind Menschen, die oft nach befriedigenden Gefühlen suchen – und die kann ihnen durchaus auch Formenschönheit, Schmuck, Kunst oder Dichtung vermitteln.

Wichtig für die Erhaltung ihrer Flexibilität ist körperliche Fitness. Aber fast noch wichtiger ist eine direkte Beziehung zur Natur. Weiden-Geborene sind regelrechte Naturmenschen und auf Dauer in einer Großstadt zu leben tut ihnen nur in den seltensten Fällen gut. Der Baum braucht vor allem Wasser, der Mensch Bewegung – in jeder Form. Sein Leben muss im Fluss bleiben, sonst kann er seelisch wie körperlich stark darunter leiden. Überhaupt passt seine psychische Dünnhäutigkeit nicht so recht zu seinem ansonsten robusten Charakter.

Deshalb sollte bei Weiden schon in jungen Jahren darauf geachtet werden, dass sie trüben Stimmungen nicht nachhängen, sondern frühzeitig etwas dagegen unternehmen.

Aggressivität ist bei Menschen dieses Baumzeichens oftmals ein Problem. Wenn sie nämlich durch Flexibilität und intelligente Argumentation nichts erreichen, greifen sie schnell zu massiven Mitteln und drängen überraschte Mitmenschen schon mal in die Enge. Und mit ihrer bösen Zunge schaffen sie sich mitunter arge Feinde.

Die Linde

(Tilia Platyphyllos)

Botanische Charakteristik

Die Linde ist ein so genannter Ammenbaum. In ihrem Schutz pflanzt man seit Menschengedenken die harten Eichen. Im Mittelalter war Lindenholz heiliges Holz – und viele Heiligenfiguren sind auch daraus geschnitzt. Es ist weich, biegsam und beweglich. Die Linde ist der Baum, der die Moderne wohl am schlechtesten verträgt.

Alle Linden werden regelmäßig von Blattläusen befallen. Aber sie überleben das, auch wenn die Blätter schwarz werden.

Erscheinungsbild

Die Linde ist ein schöner und eindrucksvoller sommergrüner Baum, der an die 40 Meter hoch wird; seine Krone wölbt sich weit nach oben, wodurch der gesamte Baum nicht wuchtig, sondern eher schlank wirkt. Der gerade und später sehr dicke Stamm teilt sich in strahlenförmig nach oben abgehende Äste; nur die untersten hängen herab.

Die Rinde der Linde ist dunkelgrau bis graubraun. Zwar zeigen sich auf ihr netzförmige Furchen, aber diese Zeichnung ist relativ zart.

Im Juni blüht die Linde, und ihre gelben und weißen Blüten hängen wie Trauben oder Rispen in Zweier- bis Sechsergruppen zusammen.

Zur Reifezeit trägt die Linde Kapselfrüchte, die behaart, etwa einen Zentimeter groß und rund sind.

Die Blätter der Linde sind bis zu zwölf Zentimeter lang und wechselständig. Sie sehen aus wie matte, dunkelgrüne Herzen, auf denen zarte Härchen sitzen. Außerdem sind sie kerbig gezackt, wobei alle Zähne zur Blattspitze zeigen.

Standort

Die Sommerlinde fühlt sich am wohlsten in der Nähe von Ulme, Esche und Ahorn in Schluchtwäldern oder mit Buchen im Bergwald. Sickerfrisch, nährstoffreich, basisch und locker soll der Boden sein, in dem die Linde Wurzeln schlägt.

Da die Linde sehr empfindlich auf Abgase und Staub reagiert, ist sie in Dörfern oder Städten sehr selten geworden.

Vorkommen

Im europäischen Wald hat die Linde ihren festen Platz. Allerdings kommt sie so gut wie nie im Verband vor. Trotz ihrer Abgas-Empfindlichkeit wird sie oft als Straßenbaum gepflanzt. Auch in Parklandschaften und Gärten wird dieser Baum häufig gesetzt.

Besonderheiten

Das Holz der Linde ist sehr weich und hell und wurde deswegen in Mitteleuropa sehr oft für Schnitzereien benutzt. Der Bast dieses Gehölzes jedoch hat eine sehr zähe und feste Beschaffenheit, weshalb er häufig als Flecht- und Bindematerial eingesetzt wurde.

Lindenblütentee – der langsam im Schatten getrocknet sein muss – hilft gegen Erkältungskrankheiten, lindert dabei vor allem die Beschwerden der oberen Atemwege. Als Badezusatz fördert er die Dehnbarkeit der Haut. Außerdem sollen getrocknete Lindenblüten gegen die Gefahren der Leidenschaft schützen.

Zudem bieten die Blüten der Linde auch eine Delikatesse für Bienen – und der daraus entstehende Honig ist ein Geheimtipp unter Feinschmeckern.

Die keltische Deutung

Die Kelten glaubten, dass unter Linden das Licht der reinen Wahrheit an den Tag kommt. Galt es in Rechtsstreitigkeiten eine Lösung zu finden, versammelte man sich unter Linden. Es hieß, dass ihr Duft die Richter milde und streitende Parteien versöhnlich stimmt.

Aber den Kelten war die Linde ebenfalls ein Symbol für Verletzlichkeit. In der Nibelungensage finden wir dafür ein weiteres Beispiel: Das Blatt einer Linde fiel zwischen Siegfrieds Schulterblätter, als er unter ihr im Drachenblut badete – und dadurch blieb sein Herz verletzlich.

Die Linde-Geborenen

(13. bis 22. September und 11. bis 20. März)

Kurzcharakteristik: Klug, gutmütig, hilfsbereit, fantasievoll, feinfühlig, liebenswürdig, zärtlich. Ihr Motto: Ich glaube an das Gute im Menschen!

Ihre Stärken

Sie sind sensible, mitfühlende Charaktere, die ihren Mitmenschen in altruistischer Weise helfen und sie schützen. Sie sind in der Lage, zu verstehen und zu verzeihen.

Was für sie zählt, ist nicht die oft unschöne Realität, sondern das Ideal der Friedfertigkeit, das losgelöst von allem menschlichen Wollen den besseren Weg in eine lebenswerte Zukunft weist.

Ihre Schwächen

Während ihr Denken sehr präzise ist, haben Linde-Geborene so ihre Schwierigkeiten damit, sich durchzusetzen. Ihre größte Gefahr besteht in der Lebensflucht. Sie sind gütige, introvertierte Menschen und deshalb sehr verletzlich – vor allem im emotionalen Bereich.

Ihr geringes Aggressionspotenzial (sie wehren sich nur in eklatanten Notlagen) kann bis zur Selbstaufgabe führen. Auf der körperlichen Ebene spiegelt sich das in Infektanfälligkeit und Nierenproblemen wider. Es fällt ihnen schwer, anderen Grenzen aufzuzeigen, denn sie sind der Meinung, dass jeder seine Grenzen selbst erkennen muss, will er zu wahrer Größe reifen.

Linde-Geborene und die Liebe

Die Menschen dieses Baumzeichens vereinigen Verständnis und Güte in sich, sind zu sehr tiefen Gefühlen fähig und ein Musterbild der ehelichen oder familiären Harmonie. Sie suchen nach dem Gleichklang der Seelen und gehen in einer Beziehung oder Partnerschaft auf. Aber sie leiden, wenn sie sich an egoistische Menschen binden. Linde-Geborene brauchen Partner, die sie in keinem Fall beherrschen wollen, denn sonst verkümmert ihre Kreativität und Sensibilität.

Körperliche Schwachstellen

Immunabwehr, Atemwege, Haut, Seele, Blut, Beine, Füße

Heilkräuter der Linde

Ampfer, Küchenschelle, Bittersüß, Laichkraut, Bilsenkraut, Sauerampfer, Baldrian, Johanniskraut

Darauf sollten Linde-Geborene achten

Bei den gütigsten Menschen des keltischen Baumkreises ist das Verhältnis zwischen Geben und Nehmen nahezu nie ausgewogen. Sie steuern in einer Partnerschaft, in der Familie, in der Gemeinschaft stets ihre ganze Kraft, ihre ganzen Fähigkeiten und ihre ganze Liebe bei, ohne an Gegenleistungen zu denken, geschweige denn zu fordern. Kein Wunder, dass die Kelten diesen Baum als Ammenbaum für Eichen pflanzten. Für Kinder und Jugendliche sind Linde-Menschen die besten Eltern oder Betreuer, die man sich denken kann. Deshalb sollten sie möglichst früh lernen – und dazu müssen sie immer wieder angehalten werden –, sich nicht ausnutzen zu lassen.

Gerade für soziale Berufe scheinen diese Menschen auf den ersten Blick prädestiniert zu sein, doch das täuscht. Denn Linden sind zwar durchaus verständnisvoll und hilfsbereit, aber selten stark genug, Leid, das sie erfahren, zu verarbeiten. Sie leiden sehr stark mit und verstehen nicht, warum Menschen schlechte Erfahrungen machen müssen. Und wenn sie ständig mit dunklen, trüben, leidvollen Seiten menschlichen Daseins konfrontiert werden, gerät ihr Leben selbst so, da sie keine geeigneten Schutzmechanismen haben. Ihre Seele ist eben äußerst verwundbar. Besser für ein ausgefülltes Leben geeignet ist für die Linde ein philosophisch oder künstlerisch orientierter Beruf. Der Linde-Geborene Albert Einstein (der bekanntlich nicht gerade ein Musterschüler war) ist das beste Beispiel dafür: Linden dürfen zu nichts gedrängt, geschweige denn gezwungen werden, sonst können sie ihre Fähigkeiten nicht voll entfalten! Besonders bei der Partner- und Berufswahl müssen sie darauf achten. Wenn sie einfach nur darauf hoffen, dass das Schicksal es schon gut mit ihnen meinen wird, haben sie leider oft das Nachsehen.

Der Olivenbaum

(Olea Europaea)

Botanische Charakteristik

Der Olivenbaum ist einer der langlebigsten Bäume Europas. Er ist von gedrungener Gestalt, voller Anmut und Würde. Er wächst langsam und braucht viel Sonne, zeigt sich allgemein genügsam, verpflanzbar, braucht jedoch viel Licht. Was er nicht mag, ist viel Wasser. Das Holz des Olivenbaumes ist hart, fein gemasert und eignet sich hervorragend als Schnitz- und Drechselholz. Teller, Schüsseln, Bestecke, aber auch Schmuck oder keulenartige Waffen wurden jahrhundertelang aus Olivenholz gemacht.

Erscheinungsbild

Nur an die 15 Meter hoch kann der Olivenbaum werden und fällt durch einen sehr kurzen, knorrigen Stamm auf. Mit zunehmendem Alter werden seine Äste und auch der Stamm hohl – was aber erstaunlicherweise kein Problem für das Weiterleben des immergrünen Baumes darstellt.

Seine Rinde ist silbrig grau. Über drei Monate hinweg – von Juni bis August – erstreckt sich die Blütezeit des Olivenbaumes. Dabei sind die Blüten winzig und können ein- oder zweigeschlechtlich sein. Sie sind von weißer Farbe, mit einer gelben Krone in der Mitte und riechen auffallend gut.

Die Olive ist eine ölige, fleischige Steinfrucht, die bis zu drei Zentimeter groß wird. Zunächst sind die Oliven grün, werden später aber immer dunkler, bis sie fast schwarz sind. Wer schon einmal darauf gebissen hat, weiß: der Olivenkern ist extrem hart.

Die Blätter des Olivenbaumes sind länglich, aber sehr schmal, mit Spitzen an beiden Enden. Auf der Oberseite sind sie matt dunkelgrün, auf der Unterseite schimmern sie silbrig oder bräunlich weiß und sind behaart.

Standort

Der Olivenbaum gedeiht in trockenem Klima und stellt kaum Ansprüche an den Boden.

Vorkommen

In allen Ländern rund ums Mittelmeer daheim, kommt der Olivenbaum ursprünglich allerdings aus Asien. Ohne weiteres entdeckt man ihn aber auch an der afrikanischen Ostküste, in Mittel- und Südamerika, vor allem in Mexiko und Peru. Dort wurde er 1560 von Antonio Ribero eingeführt.

Besonderheiten

Der Olivenbaum wächst außerordentlich langsam. Und dadurch ist er auch extrem langlebig – bis zu 2000 Jahre alt kann er werden.

Seine Früchte, die Oliven, sind ölreich und gesund – und

kommen schon im Alten Testament vor. Auch von ihrem Öl wird berichtet: Es wurde bereits lange vor Christi Geburt zur Zubereitung von Speisen, als Opfergabe, Brennöl und Heilmittel verwendet.

Als Kosmetikartikel war das Olivenöl schon in der damaligen Zeit beliebt. Heute entdeckt man es wieder als Schönheitsmittel für glänzendes und geschmeidiges Haar sowie zur Hautpflege.

Die keltische Deutung

Der Tag des Ölbaums, wie der Olivenbaum auch genannt wird, ist die Tagundnachtgleiche am 23. September. Er ist ein Symbol für die weise Mitte und Lebensklugheit. Zusammen mit dem Feigenbaum und der Weinrebe ist er das Symbol für Glück und Wohlstand.

Die Olivenbaum-Geborenen

(23. September)

Kurzcharakteristik: Weise, erfolgreich, gewissenhaft, zuverlässig, vernünftig, verantwortungsbewusst. Ihr Motto: Suche den sicheren Weg!

Ihre Stärken

Olivenbaum-Geborene wissen ganz genau, was sie wollen und wie sie es erreichen können. Sie stellen hohe Ansprüche, stehen dabei aber mit beiden Beinen auf dem Boden der Wirklichkeit. Ihr Grundbedürfnis ist eine sichere Daseinsgrundlage. Sie streben ständig danach, ihr Leben vernünftig zu ordnen, überschaubar zu machen und möglichst alle Unsicherheiten auszuschalten.

Olivenbaum-Menschen stehen gern im Dienst einer Gemeinschaft oder einer guten Sache, haben ein sehr ausgeprägtes Zweckdenken und holen fast immer das Beste aus einer Situation heraus. Sie beobachten scharf, nehmen feinfühlig und clever auch scheinbare Nebensächlichkeiten wahr und passen sich außerordentlich klug an. Ihr Handeln ist fast immer überlegt, zielgerichtet, ökonomisch und nützlich.

Ihre Schwächen

Ihre ungemein ausgeprägte Gewissenhaftigkeit und Genauigkeit kann zur Pedanterie werden; die immense Kritiksucht der Ölbaum-Geborenen ist berühmt und berüchtigt. Aus ihrer Feinfühligkeit kann gelegentlich auch überspannte Empfindlichkeit werden.

Und sie tun sich ganz generell schwer, Ausgelassenheit und pure Lebensfreude zuzulassen. Leichtlebigkeit, vor allem Tagträumerei ist für sie der größte Frevel. Diese Menschen suchen immerzu in allem einen Sinn.

Sie scheuen unkalkulierbare Abenteuer und das Risiko. Olivenbaum-Menschen verstehen es auch nicht, wenn sich andere darauf einlassen und reagieren dann furchtbar gereizt.

Olivenbaum-Geborene und die Liebe

Der Olivenbaum und die Liebe – das ist eher eine Zweckgemeinschaft, so heißt es. Doch ganz so trist ist es auch wieder nicht. Diese Menschen wissen nämlich sehr wohl, dass ihnen Defizite im emotionalen Bereich schwer zusetzen können.

Für glückliche Partnerschaften brauchen sie daher in sich ruhende, selbstbewusste Gegenpole, die ein dickes Fell haben und sich einiges sagen lassen können. Zudem müssen sie es ertragen, dass Olivenbaum-Geborene fast immer auf den vordersten Plätzen zu finden sind und großen Wohlstand schätzen. In Sachen Erotik sollte der Traumpartner schon über ausgefallene Ideen verfügen. Denn Olivenbaum-Geborene sind nicht so leicht verführbar – aber wenn es einmal so weit ist, dann …!

Körperliche Schwachstellen

Magen, Darm, Herz, Ohren, Galle, Stoffwechsel

Heilkräuter des Olivenbaums

Majoran, Leinkraut, Sternkraut, Dill, Fenchel, Baldrian, Alraune, Lavendel und Farnkraut

Darauf sollten Olivenbaum-Geborene achten

Dieses Baumzeichen ist im keltischen Horoskop wohl das lebenstüchtigste überhaupt. Was andere Menschen als

Schwierigkeiten empfinden, ist für sie kein Thema. Das Leben ist einfach so wie es ist und deshalb rechnen sie mit allen Eventualitäten. Ihre Seele ist robust – und nur in Liebesdingen gelegentlich verwundbar.

Olivenbaum-Geborene sind meist so genannte Spätzünder, das heißt, sie brauchen viel Zeit, um zu reifen und ihre beachtliche Persönlichkeit zu entwickeln. Darauf ist vor allem in jungen Jahren und in Zeiten der Ausbildung zu achten.

Menschen dieses Zeichens tun sich in der Regel kaum schwer mit Autoritäten, sie sind meistens selbst eine. Nur wenn jemand ihrem privaten Glück, ihrer Karriere oder dem Wohl der Gemeinschaft im Wege steht, kann es zu Konfrontationen kommen – und problematisch werden. Denn wollen sie ein Ziel unbedingt erreichen, dann sind Ölbäume bei der Wahl ihrer Mittel nicht zimperlich. Hier brauchen sie gute Berater und manchmal auch sensible Bremser.

Olivenbaum-Geborene sind, wie schon erwähnt, sehr erfolgreich und meist wohlhabend. Auf den Gedanken, dass das Neider auf den Plan ruft, kommen sie meist gar nicht – so lange, bis sie mitten in der schönsten Intrige stecken. Und was für diese Menschen abschließend sehr wichtig ist: Viel zu oft lebt dieses Baumzeichen im Zeitalter des Managements zu unnatürlich. Das dürfen diese Menschen nicht unter den Teppich kehren, denn es ist eine ernsthafte Gefährdung ihrer grundsätzlich robusten Gesundheit.

Die Eibe

(Taxus Baccata)

Zum Schluss des keltischen Baum-Horoskops soll noch ein Baum zur Sprache kommen, der im Nachhinein aus dem Baumkreis verdrängt wurde: die Eibe, die ursprünglich den Platz der Tanne einnahm und heute nur noch einen »geheimen« Platz darin besitzt, den 3. bis 11. November. Die Eibe ist der Baum des Todes – was für Kelten kein Problem darstellte, denn sie glaubten ja an die Wiedergeburt.

Doch bei vielen Völkern nach ihnen wurde der Tod mehr und mehr zum Schreckgespenst, schließlich zu einem Tabu. So ist das zeitweilige Verschwinden der Eibe aus dem Baumkreis zu erklären.

Auch heute noch ist der Tod tabu und wäre daher in einem Horoskop bestimmt nicht sonderlich geschätzt. Wer möchte schon im Zeichen oder in der Zeit des Todes geboren sein? Trotzdem wollen wir es nicht versäumen, an dieser Stelle die Charakteristik des Baumes des Todes nachzuliefern – so bleibt es jedem selbst überlassen, ob er die Eibe zu seinem persönlichen Baumhoroskop hinzufügen will oder nicht.

Botanische Charakteristik

Die Eibe ist ein Baum, der ohne Pflege kaum fähig ist, zu überleben, geschweige denn, Wälder zu bilden. Wenn sie einmal in freier Natur gedeiht, wächst sie zu unregelmäßigen, eigenwilligen Gestalten heran.

Unter der Hand eines Gärtners, zum Beispiel in französischen Lustgärten, wird sie dagegen zur perfekten Statue. Die Eibe gehört zwar zu den Nadelhölzern, braucht aber die Nachbarschaft des anderen Geschlechts, um sich fortzupflanzen. Sie wächst sehr langsam und hüllt sich vom Boden weg in ein dunkelgrünes Gewand. Zu viel Licht verträgt die Eibe nicht.

Erscheinungsbild

Bis zu 20 Meter hoch wird dieser immergrüne Nadelbaum. Breit und kegelförmig ist die Form der Eibe – aber nur, wenn sie einen einzigen Stamm hat. Oft hat sie jedoch mehrere, wirkt dann sehr ausladend und prägt mehrere Kronen aus. Meist gehen von ihrem Stamm kleinere Äste und Zweige ab, die leicht nach unten hängen und nur an ihren Enden nach oben gerichtet sind. Braungrau ist die Rinde, von tiefen Furchen durchzogen. Teilweise blättert sie in groben Fetzen ab. In der Zeit von Februar bis April blüht die Eibe. Die gelblichen männlichen Blüten sind rund und sitzen der Reihe nach an der Unterseite von Ästen, die ein Jahr alt sind. Die vereinzelten weiblichen Blüten fallen kaum auf.

Standort

Die Eibe wächst sehr langsam. Wurzeln schlägt sie am liebsten an einem schattigen Ort mit lockerem, humusreichem und sickerfeuchtem Boden.

Vorkommen

Die Eibe kommt fast immer nur in Einzelexemplaren vor, ist jedoch über ganz Europa verbreitet. Meist wird sie zur Zierde angepflanzt.

Besonderheiten

Bis auf den roten Mantel, der zur Reifezeit die Samen umhüllt, ist alles an der Eibe extrem giftig (Vorsicht bei Kindern)!

Die keltische Deutung

Den Kelten galt die Eibe fast als Gottheit – doch der Baum des Todes schreckte sie nicht. Denn für die Druiden war sie ein Symbol der Ewigkeit, der Überwindung des Todes durch die Weisheit.

Die Eibe-Geborenen

(3. bis 11. November)

Kurzcharakteristik: Hypersensibel, fantasievoll, intellektuell, künstlerisch, zärtlich, sinnlich. Ihr Motto: Ich will die Ewigkeit fühlen!

Ihre Stärken

Die Eibe-Geborenen sind feinfühlige, liebevolle und sinnliche Typen, immer auf der Suche nach einem absoluten Standort, nach endgültiger Weisheit. Ihre ausgeprägte Fantasie eröffnet ihnen große Kreativität. Wegen ihrer enormen Empfindsamkeit und den für sie charakteristischen trüben Stimmungen schaffen sich Eibe-Geborene mit Vorliebe ein Zuhause, das Wärme, Halt und Geborgenheit vermittelt. Wenn die Identifikation mit ihrem Handeln gegeben ist, kommen ihre großen künstlerischen Talente zum Tragen. Fühlt sie vollkommene Liebe, ist die Eibe die wahre Traumpartnerin.

Ihre Schwächen

Ihre Schwermut, ja manchmal fast schon Todessehnsucht kann die Eibe in große emotionale Schwierigkeiten bringen. Durch ihren enormen seelischen und geistigen Tiefgang ist sie zu großem Enthusiasmus, teilweise euphorisch überhöhter Liebe, aber auch zu extremem Leid fähig.

Aus Trauer wird bei diesem Baumzeichen schnell eine schwer depressive Verhaltensform. Doch ebenso oft versuchen diese Menschen, ihre große Verletzlichkeit mit aggressiven Abwehrmechanismen zu übertünchen.

Ihre düsteren, makabren, schwarzhumorigen und zynischen Launen sind zudem ein breites Feld für bitterböse Konfrontationen.

Eibe-Geborene und die Liebe

Die Eibe braucht unbedingt einen fröhlichen Gegenpol, der vor allem ihre trüben Stimmungen und ihre Traurigkeit aushält und sie wieder auf positive Gedanken bringt. Er muss die sonnige Seite leben und die Eibe-Geborenen auch immer wieder dazu anhalten, es ihm gleichzutun.

Bei seelischer Übereinstimmung werden Eiben zu emotionalen und erotischen Feuerwerken.

Körperliche Schwachstellen

Stirnhöhlen, Brust, Nerven, Haut, Magen, Darm, Seele

Heilkräuter der Eibe

Wermut, Kresse, Baldrian, Melisse, Gnadenkraut, Johanniskraut

Darauf sollten Eibe-Geborene achten

Menschen dieses Baumzeichens haftet eine große mystische Aura an. Es scheint, als seien sie oft so schwermütig, weil sie intuitiv die großen Geheimnisse des Lebens, den Sinn hinter dem Schein erkennen, zumindest erfühlen. Ihre Fähigkeit zu abstraktem, absolutem Denken geht so weit, dass sie alles infrage stellen, um zu einer gültigen Wahrheit zu gelangen. Zerstreutheit und Verwirrtheit sind bei diesen Menschen ein sicheres Zeichen, dass sie dringend jemanden brauchen, der sie wieder in irdische Gefilde zurückholt.

Am besten verwirklichen sich Eiben in der Kunst. Hier ist ihre Fähigkeit, Traditionen und Tabus zu sprengen, gefragt. Hier können sie sich zu Wegweisern neuen, reinen Denkens entwickeln. Ihre immer wieder erstaunliche Progressivität und Klarheit auf diesem Gebiet bereichert Gemeinschaften und Gesellschaften ungemein.

Problematisch ist für Eiben Kritik, denn sie akzeptieren keinen weltlichen Kritiker. Kein Mensch weiß, was richtig ist – nur Eiben können es gelegentlich erahnen! Auch auf Autoritäten reagieren sie mit absoluter Verweigerung. Das lässt sich auch deutlich an der Botanik dieses Baumes ablesen: Er kommt in der Natur so gut wie nie im Verbund vor.

Und schließlich müssen Eiben stets auf eine Nähe zur Natur achten. Ziehen sie sich in Städte und hinter Betonwände zurück, verfallen sie sehr leicht gefährlichen intellektuellen Spielen und verlieren möglicherweise komplett den Sinn für die Realität.

Nachwort

Erkennen Sie Ihren Weg

Nun haben Sie beim Lesen dieses Buches die Naturphilosophie der Kelten und die Charakterdeutung des Baumhoroskops kennen gelernt. Wahrscheinlich waren Sie genauso verblüfft wie schon viele vor Ihnen, wie trefflich dieses Naturhoroskop die Grundzüge eines zu einer bestimmten Zeit geborenen Menschen beschreibt.

Aber das keltische Baumhoroskop ist noch mehr: nämlich die Aufforderung, sich sein Glück einfach selbst zu schaffen! Denn wer nicht glücklich, wer krank ist, dem fehlt »nur« etwas. Es fehlt ihm das Wissen um den für ihn richtigen Lebensstil. Und dieses will und kann uns das keltische Baumhoroskop wieder näherbringen.

In der Psychologie wird die schmerzlich klaffende Lücke zwischen der Natur des Menschen und seiner tatsächlichen Lebenssituation in der modernen, naturverachtenden Zivilisation (die Umweltverschmutzung ist nur ein Beispiel dafür) anschaulich erklärt: Vom Adrenalin-Ausstoß bei Gefahr bis zur körpereigenen Glücksdroge beim Sex ist die menschliche Natur noch immer der des Steinzeitmenschen näher als dem »perfekten« Menschen der Zukunft. Und der Mensch kann sich nicht so schnell umstellen, wie sich seine Lebensumstände geändert haben.

In diesem Sinne will das keltische Baumhoroskop ein Leitfaden sein, mit dem wichtigen Grundsatz: Der Mensch soll nicht gegen seine Natur leben! Das bedeutet nicht – und das zeigen wiederum Bäume ganz klar –, dass ein bestimmter Mensch nur an bestimmten Orten und unter bestimmten Voraussetzungen überleben kann. Es heißt aber: Derjenige, der sich seiner Natur bewusst wird, sich mit all seinen Stärken und Schwächen akzeptiert, der hat den Anfang gemacht, die besten Voraussetzungen für ein glückliches Leben zu schaffen.

Literatur

Demandt, Alexander: Die Kelten. C. H. Beck Verlag, 2005.

Krause, Arnulf: Die Welt der Kelten. Geschichte und Mythos eines rätselhaften Volkes. Campus Verlag, 2004.

Kremer, Bruno P.: Steinbachs Naturführer – Bäume. Ulmer Verlag, 2005.

Mitchell, Alan, u. a.: Pareys Buch der Bäume. Über 600 Arten Europas. Kosmos Verlag, 2004.

Vescoli, Michael: Der keltische Baumkalender. Über den Menschen, die Zeit und die Bäume. Hugendubel Verlag, 2003.

Vester, Frederic: Ein Baum ist mehr als ein Baum. Kösel Verlag, 1986.

Register